# Populismes :
# la pente fatale

## Du même auteur

*Le Pouvoir de la raison d'Etat* (dir. avec C. Lazzeri), Presses Universitaires de France, 1992

*La Raison d'Etat : politique et rationalité* (dir. avec C. Lazzeri), Presses Universitaires de France, 1992.

*Libraires corps et âmes* (dir.), Editions Vinci, 1994.

*Le Vote incertain. Les élections régionales de mars 1998* (dir. avec P. Perrineau), Presses de Sciences Po, 1998.

*Le Triomphe de l'opinion publique*, Odile Jacob, 1998.

*Politiques de l'intérêt* (dir. avec C. Lazzeri), Presses Universitaires de Franche-Comté, Besançon, 1998.

*Le Dictionnaire du vote* (dir. avec P. Perrineau), Presses Universitaires de France, 2001.

*La Fracture occidentale*, La Table Ronde, 2004.

*Le Vertige social-nationaliste. La gauche du non*, La Table Ronde, 2005.

*Les Elections européennes de juin 2004* (avec C. Deloy), Presses Universitaires de France, 2005.

*L'Extrême Gauche, moribonde ou renaissante ?* (dir.), Presses Universitaires de France, 2007.

*Chirac, le premier président d'un monde nouveau*, Plon, 2007.

*L'Opinion européenne* (10 volumes depuis 2000).

Dominique Reynié

# Populismes : la pente fatale

PLON
www.plon.fr

ISBN : 978-2-259-20890-1

« Arlette Chabot : Populisme, c'est plus acceptable ?

— Marine Le Pen : Oui, si, comme je le crois, c'est défendre le peuple contre les élites, défendre les oubliés contre l'élite qui est en train de leur serrer la gorge, oui, alors là, dans ces cas-là, moi, je suis populiste. »

Emission « A vous de juger »,
France 2, le 9 décembre 2010.

« Les belles personnes, les satisfaits, leurs griots et tous les donneurs de leçons qui tiennent le haut du pavé peuvent s'étrangler d'indignation. Ils peuvent brandir leur dérisoire carton rouge : "Populisme !", "Dérapage !" J'assume. »

Jean-Luc Mélenchon, *Qu'ils s'en aillent tous !*,
Paris, Flammarion, 2010, p. 11-12.

« Pourtant, les journalistes et les spécialistes qui utilisent le mot "populisme" pour désigner d'une manière générique des acteurs aussi divers de la scène politique ont sur ce point raison. Seul un concept vague et indéfini permet de saisir les transformations politiques radicales en cours dans de nombreux pays. Il rend compte, et ceci bien mieux que n'importe quel autre concept utilisé aujourd'hui, de la nature des défis auxquels la démocratie doit faire face. Ces défis trouvent leur origine non pas dans la montée de mouvements antidémocratiques et autoritaires, mais dans les mutations dangereuses qui sont à l'œuvre au sein même des démocraties libérales. »

Ivan Krastev, « L'heure du populisme »,
*Eurozine*, 20 novembre 2007.

Un phénomène préoccupant travaille en ce moment nos démocraties européennes. On entend presque un de ces craquements dont l'histoire a le secret. La cassure se situe autour de l'année 2000. De grandes forces semblent entrer en mouvement. Pour les Européens, le tournant du siècle marque la fin du monde connu. L'année 2000 prend place dans le nouveau contexte historique ouvert par la chute du communisme. Elle annonce le début de la globalisation. Le XXIe siècle s'ouvre par l'abandon de monnaies nationales et le passage à l'euro ; puis l'élargissement de l'Union, qui grossit brutalement, de 15 à 25 membres en 2004, puis à 27 en 2007 ; la candidature de la Turquie se précise, et l'ouverture officielle des négociations d'adhésion a lieu le 3 octobre 2005. Entre l'élargissement et la candidature turque, un grand débat est organisé autour de la « Constitution européenne », débouchant sur une série de quatre référendums nationaux en 2005, dont deux se soldent par un rejet du texte, en France, le 29 mai, et aux Pays-Bas, le 1er juin.

Au même moment, un cycle d'événements se déploie sur un tout autre plan, depuis New York, le 11 septembre 2001, avec l'attentat spectaculaire et dramatique perpétré par Al-Qaida. Le terrorisme islamiste s'installe sur la scène durablement. La seconde guerre d'Afghanistan démarre en octobre 2001. Les Européens engagent les hostilités. Ce n'est pas une guerre contre un pays, ce n'est pas une guerre de colonisation. Pour la première fois, les Etats européens envoient leurs soldats dans des montagnes lointaines affronter les partisans d'une religion afin d'assurer la sécurité des Occidentaux. L'offensive se prolonge avec l'invasion de l'Irak en 2003, mais loin de l'unanimité première, dans la confusion et la protestation planétaire, assortie de menaces innombrables. La peur de l'islam s'installe sur le continent. Les attentats qui ensanglantent Madrid, le 11 mars 2004, puis Londres, le 7 juillet 2005, la relancent et l'exacerbent. Au cœur des nations européennes, désormais sur le qui-vive, l'islam devient un sujet non seulement de controverse mais aussi d'affrontement. L'immigration s'impose comme un thème politique majeur. En France, Jean-Marie Le Pen accède au second tour de l'élection présidentielle en 2002. Aux Pays-Bas, Pim Fortuyn crée un parti politique pour défendre les valeurs libérales et la prospérité hollandaise contre des immigrés qu'il estime trop nombreux et dont il juge la culture rétrograde. Son parti devient, l'année de sa création, la deuxième force politique du pays, avec 17 % des suffrages exprimés. Les musulmans sont mis en cause tandis que certains d'entre eux s'en prennent à la société qui les accueille ou à laquelle ils appartiennent, contestent ses valeurs et exigent de les amender, voire de les transgresser. En témoignent l'assassinat de Pim Fortuyn, en 2002, puis celui de Theo Van Gogh, toujours aux Pays-Bas, en 2004, ou encore lors de l'affaire des caricatures du prophète Mahomet, au Danemark, en Europe et dans le monde, en 2005 et 2006.

Enfin, le 15 septembre 2008, la chute de la banque d'investissement Lehman Brothers annonce le déclenchement d'une crise financière historique dont les conséquences économiques sont loin d'être connues pour les Européens. Evoquant les premiers jours de cette crise, les plus experts assurent que le monde alors a failli être englouti. La crise, selon les cas, provoque, révèle ou précipite un surendettement gigantesque qui frappe les sociétés autant que les Etats, obligeant de nombreux pays à déclarer une sorte d'état d'urgence économique, caractérisé par la présence, voire la tutelle, du FMI et la multiplication de mesures qui, pour être très brutales, ne garantissent pas que le pire sera évité. Les Grecs, les Portugais, les Espagnols, les Irlandais sont les premiers et les plus touchés. On parle de faillite des Etats. La Chine propose son aide. Les Etats-Unis semblent ruinés. Au cœur de ce tourbillon, les démocraties européennes voient fleurir des partis populistes créés ou repris par des leaders redoutablement efficaces.

# 1

# Les tourments de l'Europe

L'Europe vit un grand bouleversement. L'immigration, le vieillissement démographique et la globalisation économique en sont les trois plus puissants moteurs. Sur le continent, dans la plupart des pays, le surendettement public dégrade la figure de la puissance souveraine et contraint désormais fortement les actions de l'Etat, notamment celles qui doivent assurer la cohésion sociale. Quand l'endettement paraît contenu, les comptes sociaux restent très menacés par un déséquilibre démographique croissant. La raréfaction des ressources publiques fait surgir de nouvelles tensions. On voit plus souvent s'exprimer des contentieux sur le fonctionnement des politiques de solidarité, on fait le procès des « profiteurs » du système, pour désigner les élites politiques accusées de dilapider l'argent public, les chômeurs sont soupçonnés de ne pas vraiment chercher un emploi, et les immigrés sont accusés de consommer une part excessive des budgets sociaux. Le mécontentement à l'égard de la pression fiscale s'étend aux couches sociales intermédiaires.

## Le déclassement des Européens

Les Européens sont confrontés à l'émergence d'un monde nouveau. Pour certains, il est presque méconnaissable, bouleversé par le triomphe du marché, l'émergence de puissances nouvelles, extérieures à l'Occident, par l'entremêlement des sociétés nationales avec une société planétaire et omniprésente, dont Internet est l'une des expressions les plus palpables et les plus spectaculaires, par l'immigration qui engendre un multiculturalisme de fait auquel les Européens n'ont pas été préparés. Les partis populistes se multiplient. Partout ils réalisent des performances électorales notables par leur vitesse de progression ou par leur ampleur. Au fur et à mesure que se déploient la globalisation et le vieillissement, les Européens deviennent plus réceptifs aux thèmes populistes. Fait nouveau, ce populisme grandissant touche non seulement des pays économiquement fragiles, mais aussi des pays prospères, ce qui contredit l'explication habituelle de type économique. La Suisse, l'Autriche, les Pays-Bas, le Danemark, la Finlande et la Norvège connaissent les populismes les plus vigoureux mais ces pays ne sont pas en difficulté sur le plan économique et social au point de voir leurs électeurs donner entre 15 % et 25 % de leurs suffrages à des partis populistes. La globalisation économique ne fournit pas non plus une raison suffisante car la plupart des Européens y sont favorables, et dans ces pays plus encore qu'ailleurs.

Les partis de gouvernement et les sociétés civiles sont désemparés, hésitant sur la conduite à tenir face au phénomène. Les réactions sont désordonnées. A défaut de stratégie, on tente de faire bonne mesure. En 2007, le chef du parti travailliste britannique exige des «*British jobs for British workers !*» ; en France et en Belgique, on adopte à la hâte des lois contre la burqa ; en Suisse, on organise un référendum pour faire inscrire dans la Constitution fédérale l'interdiction de construire des minarets ; la chancelière allemande, Angela Merkel, croit devoir promettre que la charia ne sera pas appliquée en Allemagne, tandis qu'un membre du directoire de la Bundesbank rencontre un succès phénoménal avec un livre accusant les immigrés de provoquer la régression culturelle du pays ; en Italie, des affrontements entre communautés immigrées révèlent la nature multiethnique de la société. Les enquêtes d'opinion enregistrent une hostilité grandissante vis-à-vis des musulmans et parfois même vis-à-vis des juifs, comme en atteste ce sondage international qui révèle que 52 % des Espagnols déclarent nourrir une opinion négative à leur égard.

Protestation, xénophobie et dénonciation des élites sont prises en charge par des mouvements politiques que l'on peut dire «populistes» en dépit des nombreux débats qui accompagnent l'usage de cette notion[1]. L'engagement d'une partie importante des Européens dans un mouvement populiste pourrait surprendre de la part de nations très riches, au regard de leur passé

1. Cf. Yves Surel et Yves Mény, *Par le peuple, pour le peuple. Le populisme et les démocraties*, Paris, Fayard, 2000.

comme au regard du monde, et qui sont installées depuis longtemps déjà dans un confort sans égal. Mais, précisément, une bonne partie de l'originalité de ces agitations nouvelles est dans cette vie assurée, sécurisée, éduquée, libérée et démocratique à laquelle ont finalement accédé les Européens et qu'ils sentent confusément mise en cause, menacée, altérée. Ce livre défend la thèse qu'il s'agit d'un populisme d'un type nouveau, que je nomme *populisme patrimonial* parce qu'il est fondé sur la défense conservatrice et virulente d'un patrimoine matériel, qui est le niveau de vie, et d'un patrimoine immatériel, qui est le style de vie. L'apparition, en Europe, du populisme patrimonial constitue un phénomène politique particulièrement important. Il est capable de perturber le système politique de chacune des nations européennes comme le fonctionnement de l'Union dans son ensemble.

L'Europe, la globalisation, le vieillissement et l'immigration : de ces quatre grands bouleversements, seule l'Europe est le résultat d'une volonté commune clairement exprimée, seule l'Europe a fait l'objet de débats publics et de décisions collectives. Ces discussions ont montré que les Européens n'étaient pas tous ni toujours d'accord entre eux, y compris quand il s'agissait de savoir s'il fallait faire partie de l'Union, adopter la monnaie unique, accepter l'adhésion d'autres pays ou ratifier des traités consacrant un nouvel agencement des institutions et des transferts supplémentaires de compétence. Il y a eu beaucoup de grands bouleversements en un demi-siècle pour les Européens. Aujourd'hui, les changements se poursuivent, mais c'est le monde qui semble en décider, et non plus le vieux continent. Hier, grâce à la prospérité, les changements constituaient des progrès. Aujourd'hui les changements sont perçus comme des menaces de régression.

Même pour les Européens qui y sont le plus favorables, la globalisation heurte leur vision du monde, car elle accomplit le triomphe du marché alors qu'ils doivent beaucoup au modèle d'un Etat capable de le réguler ; la globalisation promeut de nouvelles nations presque toujours démographiquement très jeunes tandis que l'Europe vieillit ; enfin, la globalisation déplace vers l'Asie le foyer de l'économie mondiale, un ailleurs sans précédent. Lorsque ce foyer a quitté l'Europe pour les Etats-Unis, aux lendemains de la Première Guerre mondiale, il s'agissait d'une forme limitée de dépossession. Elle se faisait au profit des Etats-Unis, un pays semblable ou familier en raison de son histoire, en raison de sa proximité culturelle avec l'Europe, et aussi parce que son modèle économique et politique était à l'évidence inspiré de pays européens. Le glissement vers l'Asie change la donne. Une partie des Européens vit désormais avec la crainte du déclassement collectif, crainte pouvant se combiner avec celle d'un déclassement personnel. Pour un citoyen, la peur de perdre son rang dans une société se combine avec la crainte de voir son pays perdre son rang dans l'histoire.

## Crise de l'État, crise des gauches

Le sentiment du déclassement de l'Europe passe aussi par l'idée qu'un modèle politique alternatif prend le dessus sur le modèle occidental. Les pays émergents rassemblent une grande proportion de nations non démocratiques ou imparfaitement démocratiques. Ce n'est plus tout à fait le triomphe du modèle dont l'Europe a été le berceau. La globalisation donne à penser que le marché triomphe, au détriment de l'Etat. Que peut un Etat national européen dans l'océan agité du capitalisme mondialisé ? L'époque paraît révolue où, sous la forme d'une puissance publique garante de redistribution et pourvoyeuse d'assurances, l'Etat social s'imposait en Europe de l'Ouest, avec des variantes qui n'effaçaient pas les points communs fondamentaux.

Le modèle social-démocrate a été pensé et mis en place à partir de la fin du XIXe siècle, au cœur de l'industrialisation des sociétés européennes. Ce modèle émanait d'une gauche socialiste qui, dans une période d'expansion de la classe ouvrière et du droit de suffrage, visait la conquête du pouvoir par la voie électorale. Fondé sur l'adoption de lois économiques et sociales favorables à la classe productive, dans le cadre d'une majorité parlementaire progressiste, sur la mobilisation de l'appareil d'Etat et le concours des grandes centrales syndicales, le programme d'action de la social-démocratie est devenu celui du réformisme. Les politiques de relance efficaces d'inspiration keynésienne face à la crise de 1929 ont conduit à penser que les performances sociales du modèle s'accompagnent de performances économiques. La dynamique et la fécondité du modèle social-démocrate se sont manifestées avec un éclat particulier en Europe aux lendemains de la Seconde Guerre mondiale. Les années de reconstruction puis les années de croissance des Trente Glorieuses ont marqué le triomphe de la social-démocratie et de modèles approchants.

La vitalité du modèle social-démocrate devait beaucoup à une série de conditions qui ont peu à peu disparu : jusque dans les années 70, les pays dits du «tiers-monde» sont restés à l'écart du système économique mondial, celui-ci se limitant principalement au monde occidental dont les pays d'Europe de l'Ouest formaient, de fait, une part déterminante. La concurrence des pays à bas salaires ne pesait guère sur les économies européennes, et les fonctions de production qui ont été exportées vers ces pays étaient celles que délaissaient les classes ouvrières européennes, en raison de l'élévation de leur niveau de compétence et de rémunération. Pour des raisons identiques, à l'intérieur de ces nations, ces fonctions de production ont été peu à peu déléguées à des ouvriers immigrés venus de ces mêmes pays pauvres. Une croissance économique forte et un marché du travail en expansion ont permis le développement de l'Etat providence. La politique européenne était dominée par la gauche, y compris lorsque la droite était au gouvernement.

L'arrivée au pouvoir des conservateurs britanniques, sous la direction de Margaret Thatcher, en 1979, met un terme à une séquence historique commencée en 1945.

La fin des années 70 marque le début d'un basculement. Le modèle de l'après-guerre s'inverse progressivement : les sociétés européennes voient fléchir leur dynamisme économique; le chômage réapparaît pour se maintenir à un niveau élevé; l'atonie démographique accentue le phénomène du vieillissement lié à l'allongement spectaculaire de l'espérance de vie. Les sociétés les plus avancées se trouvent dans l'obligation de financer des dépenses sociales de plus en plus importantes, atteignant des niveaux que l'accroissement des ressources ne parvient plus à compenser. C'est l'envol de l'endettement public, plus marqué dans les pays qui ne parviennent pas à mettre en place des réformes d'adaptation, mais presque partout en forte croissance.

Au plan mondial, la libéralisation progressive des échanges commerciaux et la dérégulation des marchés financiers au cours des années 70 favorisent la mobilité du capital et les phénomènes de délocalisation dont les conséquences politiques sont certainement considérables si l'ampleur et les effets économiques restent discutés. L'économie se globalise, exposant les nations européennes à la concurrence des pays émergents, d'abord dans les secteurs où le coût du travail occupe une place importante, puis dans tous les secteurs, y compris ceux à haute valeur ajoutée. Si la puissance publique étatique semble débordée par le phénomène de la globalisation, elle n'est pas moins remise en cause par le vieillissement démographique et le surendettement auquel elle s'est parfois abandonnée avec une coupable facilité. Au même moment, l'économie devient beaucoup plus compétitive, les sociétés européennes moins dynamiques et leurs Etats moins puissants. La querelle entre réformisme et révolution qui agite la gauche depuis la fin du XIXe siècle se dissout dans un mouvement conjoint d'échec du communisme, symboliquement marqué par la chute du mur de Berlin, et d'épuisement de la social-démocratie dont les grandes politiques sociales font l'objet d'un programme systématique de révision sous les effets conjugués des excès de l'endettement public, d'une croissance limitée et du vieillissement. C'est ce qu'illustre concrètement le problème des retraites. Pas un pays européen n'a pu éviter de procéder à une ou plusieurs réformes visant, d'une manière ou d'une autre, à augmenter le temps de cotisation, c'est-à-dire à retarder le moment du départ à la retraite.

Dans l'ouverture de ce grand cycle historique régressif, la gauche européenne disparaît avec son œuvre, au moment où les classes populaires sont à la recherche de soutiens et d'alliés face aux défis et aux agressions du monde nouveau. La gauche de gouvernement demeure capable de gagner les élections et d'accéder au pouvoir, mais elle se trouve contrainte de mener une politique proche de celle produite par la droite, comme dans la Grande-Bretagne travailliste de Tony Blair, l'Allemagne social-démocrate de Gerhard Schröder, la France de la gauche plurielle de Lionel Jospin ou l'Espagne socialiste de José Luis Zapatero.

Il y a longtemps que les partis de gouvernement de la gauche européenne ont délaissé l'affirmation d'une idéologie de rupture, de type marxiste, y substituant peu à peu un discours et un projet technocratiques et pragmatiques, admettant explicitement l'impossibilité de lever les contraintes liées au fonctionnement du marché ou aux limites de l'intervention publique. Mais pour les classes populaires, cela a été d'autant plus le signe d'un abandon qu'elles avaient de moins en moins le sentiment de pouvoir compter sur la mobilité et la promotion sociale pour échapper aux limites de la condition ouvrière. La gauche est devenue plus faible quand la société est devenue plus dure. D'autant plus que les problèmes d'un tout autre type, liés à la délinquance et à l'immigration, n'ont été ni repris ni pris en charge par les partis de gauche qui n'y voyaient que la manifestation d'un préjugé xénophobe ou d'une manœuvre de diversion. Confrontées aux conséquences de la nouvelle économie et du vieillissement démographique, les classes populaires n'ont plus été représentées par les partis de la gauche de gouvernement. Le déclin de la gauche européenne dans les couches sociales les plus modestes n'a pas donné lieu à la renaissance d'une gauche révolutionnaire ou radicale. Si l'on peut noter l'apparition d'offres politiques situées à la gauche des partis de gouvernement et remportant quelques succès électoraux au plan local, comme le Parti socialiste néerlandais ou le *Die Linke* allemand, l'essentiel de la mutation politique se fait à l'avantage des partis d'extrême droite et, plus encore, au bénéfice de ceux qui ont su négocier le tournant du populisme. La gauche de gouvernement a accentué sa propre ruine idéologique en tentant de compenser la perte de ses bases populaires historiques par une tentative de conquête des catégories moyennes et supérieures, mettant l'accent sur les thèmes du postmatérialisme parfaitement illustrés par la valorisation du multiculturalisme et la promotion des nouveaux droits. C'est la fameuse gauche « bobo », dont l'une des caractéristiques est de n'avoir pas comme priorité de se rendre au bureau de vote.

En affirmant que la droite populiste était, de fait, devenue la nouvelle gauche de ces classes populaires abandonnées par les partis socialistes, Ian Buruma[1] a spécifiquement mis en cause le rôle du travaillisme blairiste en particulier et de la gauche de la Troisième voie en général dans le succès des partis populistes, lui reprochant de n'avoir été qu'une expression adoucie des partis de droite. Il souligne avec raison que la Grande-Bretagne ne manquerait pas de subir le même phénomène populiste si son système électoral était fondé sur la représentation proportionnelle. Les élections européennes de 2009, organisées selon le mode de scrutin proportionnel, lui ont donné en partie raison. Des partis populistes comme le British National Party (4,9 %) et l'UKIP[2] (16,1 %) ont obtenu des résultats historiques, à côté toutefois d'une abstention massive (62 %). Mais les populistes profitent souvent de l'abstention qui peut davantage toucher les partis de gouvernement dans des phases de protestation ou d'insatisfaction caractérisée.

L'analyse de Ian Buruma reste incomplète, car le problème de la gauche de gouvernement n'est plus seulement de se rendre à l'évidence de sa conversion mais de trouver son chemin original, entre le basculement pur et simple à droite, au risque de disparaître corps et âme, et le retour à l'idéologie radicale, au risque de

1. Ian Buruma, « Right is the New Left », *The Guardian*, 26 mars 2002.
2. United Kingdom Independence Party.

retomber dans les marges de la protestation, mais cette fois définitivement.

Le recentrage des partis de gauche se révèle d'autant plus malvenu que, au même moment, ce ne sont plus seulement les classes populaires mais aussi les classes moyennes qui se sentent menacées. Mais si les classes moyennes se préoccupent tout autant de leur pouvoir d'achat que les classes populaires, elles s'en distinguent par une préoccupation caractéristique pour la constitution d'un patrimoine familial, en particulier sous la forme d'un bien immobilier habité par les ménages, lequel est censé leur apporter l'assurance de les maintenir dans leur position sociale et de les mettre à l'abri d'une chute, ou d'une rechute, dans le monde des classes populaires. Au sein des classes moyennes, le niveau de vie ne se limite pas au niveau des salaires, d'abord parce qu'il inclut les questions de patrimoine, mais aussi parce que les classes moyennes ne se limitent pas au monde du salariat. Elles rassemblent également la plupart des indépendants, commerçants, artisans et patrons des petites et moyennes entreprises. Patrimoine et statut d'indépendant expliquent la grande sensibilité des classes moyennes au niveau des prélèvements obligatoires comme à la manière dont sont attribuées et distribuées les aides sociales. Ainsi, en prenant l'exemple des classes moyennes françaises, on trouve une proportion croissante se reconnaissant dans la critique du niveau des prélèvements obligatoires et dans la dénonciation des dysfonctionnements ou du gaspillage d'un système social dont elles estiment n'être que très peu bénéficiaires, tout en ayant le sentiment d'en supporter principalement la charge, et ce au profit de classes populaires qu'elles redoutent de rejoindre ou au profit d'individus qu'elles ne jugent pas suffisamment méritants pour bénéficier d'une telle solidarité. Ce sont autant de thèmes familiers aux partis de droite mais dont les partis populistes font désormais leur spécialité.

Les classes moyennes sont d'autant plus enclines à s'écarter de l'influence électorale des partis de gauche qu'elles sont particulièrement sensibles aux questions de délinquance et d'immigration, soit parce qu'elles sont directement touchées, mais ce n'est pas toujours le cas, soit parce qu'elles craignent de l'être. Les classes moyennes redoutent l'impact que l'insécurité et l'immigration peuvent avoir sur leur cadre de vie comme sur la valeur de leur patrimoine immobilier – c'est l'effet Vitrolles. Elles sont également sensibles aux conséquences que de tels changements peuvent entraîner sur le système scolaire et en particulier sur le niveau des écoles où sont scolarisés leurs enfants. Les classes moyennes sont motivées par les perspectives de la mobilité sociale. Mais la mobilité, par définition, peut jouer dans les deux sens, ascendant et descendant. Si les membres des classes moyennes espèrent gravir des échelons supplémentaires, grâce à l'épargne, au travail ou à l'école, ils redoutent fortement le déclassement. La sensibilité des classes moyennes aux thèmes de la délinquance et de l'immigration contribue à les détourner des partis qui n'ont pas voulu admettre l'expression publique de telles problématiques, contribuant du même coup à offrir aux formations xénophobes un monopole thématique fructueux.

## LE GRAND REPEUPLEMENT

Le changement démographique planétaire qui vient de commencer sera l'un des principaux moteurs de notre histoire au cours du siècle. Nos sociétés en seront profondément modifiées. Les peuples vieillissent rapidement, au point que certains démographes envisagent, par exemple, la disparition des Allemands vers 2300. Quelle que soit la valeur de ces simulations, elles sont significatives d'un état d'esprit. Il est acquis que les Allemands sont désormais moins nombreux chaque année.

La combinaison du vieillissement et de l'épuisement démographique, par la chute des taux de fécondité, est une situation d'autant plus déstabilisante qu'elle est plus européenne qu'occidentale. Elle nous distingue par exemple des Américains qui, s'ils n'échappent pas au vieillissement, connaissent cependant une forte croissance naturelle, grâce à un taux de fécondité (2,09) très supérieur au taux européen moyen (1,5). C'est l'un des éléments les plus caractéristiques de la situation européenne. C'est une donnée durable, de long terme, à évolution lente, avec un boom des décès à partir de 2015. Cela annonce une culture politique nouvelle. De plus en plus nombreux, les Européens âgés sont aussi très riches, par comparaison avec le monde, avec notre passé, et surtout par comparaison avec les actifs[1]. La

1. Cf. les travaux de Louis Chauvel, notamment *Le Destin des générations*, Paris, PUF, 2011, nouvelle édition.

propriété et la fiscalité deviennent donc des thèmes importants. Ces générations âgées seront davantage sollicitées pour le financement des politiques sociales et des services publics. Une hausse de la pression fiscale est attendue, comme le propose, à raison, la fondation Terra Nova. La querelle fiscale a de l'avenir. Les populistes l'ont déjà compris.

Le fléchissement de la croissance économique, la dégradation des finances publiques et le poids financier des retraites favorisent la raréfaction des ressources disponibles et conduisent les populations à des arbitrages qu'elles avaient perdu l'habitude de faire. En matière de politiques publiques, l'époque cumulative du «et» cède la place à l'époque sélective du «ou». Des choix devront être faits. Dans le cas des retraites, dans les pays où la logique de répartition joue un rôle clé, les générations d'actifs acceptent moins volontiers de voir une part de leurs revenus prélevée pour financer un système de retraites auquel elles craignent de n'avoir pas accès elles-mêmes. Une étude de la Fondation pour l'innovation politique réalisée en 2010 dans 25 pays, dont 12 membres de l'Union européenne[1], a permis de mettre au jour cette nouvelle réticence. Sur la question de la solidarité financière avec les générations âgées, les jeunes sont beaucoup plus partagés qu'on pourrait le croire *a priori* : en moyenne, 39 % des jeunes Européens âgés de 16 à 29 ans disent ne pas être prêts à payer les

1. Dominique Reynié (dir.), *2011. La Jeunesse du monde*, Fondation pour l'innovation politique, 85 pages, janvier 2011 (consultable sur le site www.fondapol.org).

retraites de leurs aînés. Le refus est encore plus marqué parmi les jeunes Polonais (42 %), les jeunes Italiens (46 %) ou les jeunes Grecs (52 %). Les jeunes Français se situent au niveau de la moyenne européenne (39 %)[1].

Ces générations accepteront-elles davantage de financer les dépenses induites par le vieillissement démographique, notamment celles liées à la dépendance des seniors ? Faut-il soutenir la petite enfance ou financer le grand âge ? Les études reflètent l'émergence de telles tensions. Ainsi, si 42 % des Européens jugent insuffisante l'aide apportée par l'Etat aux familles avec enfants, ils sont plus nombreux (49 %) à souhaiter augmenter le soutien de l'Etat en faveur de ceux qui s'occupent de parents âgés dépendants[2]. Certes, dans la mesure où le vieillissement est un phénomène récent, l'aide à la prise en charge de la dépendance est nécessairement moins développée que l'aide à la petite enfance, et il n'est pas tout à fait surprenant qu'elle soit jugée insuffisante. Mais cela montre dès à présent que la demande des Européens pourrait porter sur l'accroissement d'un effort collectif en faveur du grand âge. Sauf à pouvoir augmenter considérablement les dépenses publiques, il faudra donc faire des choix. Mais alors au détriment de quoi et de qui ? La politisation du lien intergénérationnel prendra notamment sa source dans un tel enjeu. Or, face à ce type de question, les

---

1. Enquête *2011. La Jeunesse du monde*, Fondation pour l'innovation politique, janvier 2011 (tous les résultats sont consultables sur le site www.fondapol.org).

2. Enquête Gallup pour le *Flash Eurobarometer 247* – 10-14 septembre 2008.

réponses varient fortement en fonction de l'âge des répondants. Ainsi, les Européens qui expriment le plus fortement leur insatisfaction vis-à-vis du soutien apporté par l'Etat à ceux qui prennent en charge les personnes âgées dépendantes sont les plus concernés et les plus âgés. Ceux qui se disent insatisfaits sont à peine plus d'un tiers (35 %) parmi les Européens âgés de 15 à 24 ans, mais ils représentent 47 % chez ceux qui ont entre 25 et 39 ans, 55 % chez les 40-54 ans et enfin 51 % chez les plus de 55 ans[1]. Les 40-54 ans sont à la fois les plus mécontents et les plus concernés. Leurs parents étant âgés de 65 ans à 80 ans, les problèmes de dépendance sont déjà une réalité ou le deviendront dans un futur proche.

Parallèlement, les Européens sont largement favorables aux différentes mesures susceptibles d'aider les familles désireuses d'avoir des enfants. Toutes les dispositions imaginées recueillent le soutien du public. Trois mesures sont jugées majoritairement prioritaires : l'amélioration des structures d'accueil, l'augmentation des allocations familiales et l'assouplissement du recours au temps partiel. Mais, à nouveau, concernant les soins aux personnes âgées dépendantes, une large majorité d'Européens (60 %) estime également prioritaire l'extension du congé parental à un congé pour la prise en charge de parents âgés dépendants. Une fois encore, cette opinion est d'autant plus répandue que les personnes interrogées sont plus âgées[2]. Les Européens

1. *Ibid.*
2. *Ibid.*

sont massivement favorables à une augmentation des avantages fiscaux réservés aux familles avec enfants (66 %), et ce soutien est plus fort dans les classes d'âge les plus concernées, soit les 25-39 ans (70 %) et les 40-54 ans (68 %). La construction d'institutions publiques ou privées capables d'accueillir les enfants fait l'objet d'un large soutien de l'opinion (64,5 %) mais aussi le recours au budget de l'Etat pour financer les services de maintien à domicile des personnes âgées (61 %). La demande est d'autant plus fortement exprimée que les répondants sont plus âgés[1].

La pression que l'opinion exercera sur ses gouvernants pourrait être favorable à un effort collectif maintenu, voire renforcé, en faveur des plus âgés, ou des soins fournis aux plus âgés. L'existence d'une telle demande, si elle devait se confirmer, ne pourra laisser la classe politique indifférente. Une demande collective, une attente, visible ou rendue visible, constituent toujours une incitation publique. Les responsables politiques ne peuvent ignorer une demande latente, qui semble très importante. Mais, dans le cadre de ressources plus fortement contraintes, le choix d'orienter une part supplémentaire de l'effort collectif en faveur des plus âgés suppose nécessairement de réduire le soutien public dans d'autres domaines. En termes d'opinion, la pression est aujourd'hui plus favorable à une politique d'assistance aux personnes âgées plutôt qu'à une politique de la petite enfance. Or, en l'absence d'une politique nataliste volontariste, la question démographique

1. *Ibid.*

deviendra de plus en plus aiguë et le recours à l'immigration de plus en plus nécessaire.

La préférence publique pour un effort collectif plus grand en faveur des personnes âgées revient à préférer l'immigration à la natalité pour assurer l'équilibre démographique de la société.

Pour les Européens, l'immigration provient principalement de pays musulmans. C'est encore une expérience inédite dans l'histoire de l'Europe. Il n'est pas pertinent de souligner, comme on le fait souvent, l'existence d'un long passé européen en matière d'immigration si l'on veut indiquer, ce faisant, que les phases de migration se valent et que les flux migratoires sont d'une même nature, comme si l'immigration n'était qu'un phénomène quantitatif. Or, les effets de l'immigration sur la société d'accueil sont fortement influencés par les composantes culturelles et religieuses qui caractérisent ces flux de population. Le fait que l'immigration européenne provienne principalement de pays musulmans ne peut être sans conséquence sur la perception du phénomène migratoire. De même, la situation dans laquelle se trouvent les sociétés d'accueil sont également à prendre en considération. L'immigration contemporaine a lieu dans un contexte de vieillissement démographique rapide. A l'évidence, une société ne porte pas le même regard sur ses immigrés selon qu'elle a le sentiment de posséder en elle-même un principe de croissance ou qu'elle éprouve, au contraire, la crainte d'un déclin, voire d'une disparition, celle de ses semblables, de ses valeurs, la crainte de perdre son « monde à soi ».

Enfin, l'immigration est vécue et perçue selon le contexte historique dans lequel elle s'inscrit. L'immigration présente a lieu dans le contexte prégnant de la globalisation. Elle est une figure de la globalisation. Elle manifeste de manière spectaculaire l'intrusion du monde dans nos vies. Plus qu'une idée, c'est une expérience de la globalisation. L'arrivée d'immigrés est encore plus difficilement vécue en raison du vieillissement des sociétés d'accueil et du sentiment de fragilisation qu'il favorise. Enfin, les nouveaux entrants sont d'autant plus mal accueillis que les Européens voient leurs positions économiques et politiques dans le monde bousculées au profit de pays émergents ; que la démographie du vieux continent tranche spectaculairement avec la vitalité du monde ; que le modèle européen de société est affecté par l'arrivée de populations porteuses de modèles différents, venues d'un monde qui tend à contester les valeurs des pays d'accueil. Cette logique ne peut que rendre plus difficile l'intégration des immigrés non européens.

Aujourd'hui, les migrations internationales jouent un rôle croissant sur tout le continent et en particulier au sein de l'Union, dont l'une des grandes œuvres politiques est sans doute d'avoir permis la libre circulation des hommes entre les Etats membres, par-delà les frontières. Mais la conséquence devient très sensible : l'immigration au sein d'un pays européen affecte l'immigration au sein des autres pays de l'Union. De même, l'acquisition de la nationalité d'un pays européen par un immigré lui donne des droits qui agissent assurément sur les représentations que les populations des autres pays de l'Union se font de l'immigration. Au début du XXIe siècle, les déplacements des ressortissants européens donnent toujours lieu à d'importants flux migratoires. Si l'on prend en compte les migrations des ressortissants européens vers un autre Etat membre de l'Union, soit les migrations d'Européens au sein de l'Union, on note, pour la seule année 2006, la migration des Polonais (290 000), des Roumains (230 000), des Britanniques (100 000), des Allemands (90 000), des Français (50 000) et des Italiens (50 000). Les gouvernements européens sont à la recherche de compétences nouvelles. Ils sont dans l'obligation d'abonder leur population active. Ils tentent de compenser les manques de main-d'œuvre dont souffrent des secteurs économiquement stratégiques. Ces gouvernements développent des manœuvres, souvent très nationales, et sans beaucoup d'égard pour les pays amis, en encourageant l'arrivée de ressortissants européens au sein de leur Etat, comme l'ont fait, par exemple, les Britanniques et les Irlandais qui ont accueilli depuis 2004 plus de 2 millions de Polonais. Repeupler le Royaume-Uni en dépeuplant la Pologne est certainement une aubaine pour les Britanniques, mais c'est une catastrophe pour la Pologne.

En 2006, près de 3,5 millions de personnes ont rejoint l'un des pays de l'Union européenne, soit à partir d'un autre pays de l'Union, soit à partir d'un pays extra-européen. Ce nombre est en progression. Entre 2002 et 2006, on relève ainsi une hausse de 25 % du nombre d'immigrés[1]. Parmi ces 3,5 millions d'immigrés, plus

1. Cf. Anne Herm, « Recent Migration Trends : citizens of EU-27 Member States become ever more mobile while EU remains attractive to

de la moitié (1,8 million) viennent de pays extra-européens et un tiers (1,2 million) passent d'un pays membre de l'Union à un autre. La différence (490 000) représente les Européens qui ont décidé de revenir chez eux. A ce jour, l'origine des immigrés arrivés dans l'un des pays de l'Union est d'abord un autre pays de l'Union (40 %), puis l'Asie (16 %), l'Amérique du Nord et latine (15 %), les Etats européens non membres de l'Union (14 %), l'Afrique (13 %) et enfin l'Océanie (2 %) : 60 % des immigrés sont donc venus d'un pays non européen.

Parmi ceux-là, les Marocains (140 000) sont les plus nombreux, suivis par les Ukrainiens (100 000) et les Chinois (90 000), puis les Indiens (80 000), les Boliviens (70 000), les Albanais (60 000), les Américains (Etats-Unis, 55 000), les Turcs (55 000), les Brésiliens (55 000), les Russes (50 000). Les Marocains se sont principalement installés en Espagne et en Belgique, puis, en nombre moins important, en France et en Italie. Les trois quarts des Ukrainiens immigrés en Europe sont allés en République tchèque et en Italie, les autres se sont installés en Espagne et au Portugal. Les Chinois ont préféré le Royaume-Uni et l'Espagne ; les Albanais ont rejoint des pays voisins, comme la Grèce et l'Italie ; les Américains (Etats-Unis) sont allés au Royaume-Uni et en Allemagne ; les Turcs ont rejoint l'Allemagne et l'Autriche, puis la France et les Pays-Bas ; les Russes ont choisi la Finlande et la Lituanie, puis l'Allemagne ; les Indiens sont allés au Royaume-Uni, tandis que les

non-EU citizens », *Eurostat. Population and Social Conditions. Statistics in Focus*, 98/2008.

Brésiliens et les Boliviens préféraient l'Espagne. En fait, l'immigration en Europe se concentre sur quelques pays. Ainsi, en 2006, trois pays ont accueilli à eux seuls plus de 2 millions d'immigrés, ce qui représentait plus de la moitié de tous les immigrés enregistrés cette année-là : l'Espagne (840 000), l'Allemagne (660 000) et le Royaume-Uni (530 000).

L'Union européenne est le premier pôle migratoire du monde. Il entre plus d'immigrés chaque année sur le sol de l'Union que sur celui des Etats-Unis. Il y a les migrants officiels, comptabilisés, et les migrants clandestins, dont le nombre ne peut qu'être estimé. Selon les différentes données disponibles, l'Union européenne accueille chaque année environ 3,5 millions d'immigrés officiels. On estime à 500 000 par an le nombre d'entrées irrégulières sur le territoire de l'Union.

## De la diversité au multiculturalisme

La manière dont l'immigration peut affecter une société d'accueil est aussi fonction des différences culturelles entre les populations qui arrivent et celles qui les accueillent. Les migrations intracontinentales européennes n'ont pas été sans poser de problèmes, comme on le sait. Entre les Français, les Belges, les Italiens, les Espagnols et les Portugais, entre les Irlandais et les Britanniques, entre les Finlandais et les Suédois, de nombreux conflits ont eu lieu et les chocs furent parfois très violents. Mais s'il existe de très grandes différences entre les Européens eux-mêmes, par exemple entre un Suédois de Stockholm et un Italien de Palerme, l'immigration d'origine extra-européenne suscite, à l'évidence, des réactions d'une nature et d'une force particulières, notamment parce que l'ampleur des écarts culturels se combine avec la mobilité des individus. Autrement dit, si les Italiens sont différents des Suédois, ils ne cohabitent pas. L'émigration autrefois massive des Italiens vers les Etats-Unis a d'ailleurs donné lieu à de nombreuses difficultés d'intégration et à la constitution de quartiers communautaristes dans plusieurs villes du pays. En revanche, il est indiscutable que les écarts culturels entre les Suédois et les Turcs, les Pakistanais ou les Algériens, sont d'une autre nature, plus nombreux, plus nets et plus profonds, alors même que les ressortissants de ces trois pays sont plus susceptibles que les Italiens d'immigrer vers la Suède ou le Danemark, pour ne conserver que cet exemple. L'immigration d'origine extra-européenne confronte les Européens au multiculturalisme et non à la simple diversité, soit en raison d'écarts plus grands en termes de valeurs et de normes comportementales, soit parce qu'ils impliquent des questions religieuses. C'est ce que réalise le passage à des mouvements migratoires concernant des populations musulmanes. L'immigration de populations musulmanes est l'un des grands événements qu'il faut prendre en compte si l'on veut comprendre les tensions qui se mettent en place et les forces qui s'exercent sur le système politique européen, à l'échelle des nations comme à l'échelle de l'Union.

Au début du XX^e siècle, on peut considérer qu'il n'y avait pas ou peu de musulmans dans les pays européens non musulmans. Aujourd'hui, la situation est très différente, même s'il est difficile de connaître le nombre des musulmans en Europe. Souvent, comme en France, les statistiques ne prennent pas en compte les critères religieux ou ethniques. Au sein de l'Union, on ne trouve pas de données unanimement admises mais des estimations pays par pays qui ne sont pas toujours cohérentes entre elles lorsqu'elles sont agrégées. Si l'on prend les estimations disponibles, en laissant de côté les pays où la population musulmane pèse peu, on obtient les données suivantes : France (5,5 millions), Allemagne (3,3 millions), Royaume-Uni (2 millions), Bulgarie, Espagne, Italie, Pays-Bas (1 million chacun), Suède (500 000), Belgique (400 000), Autriche et Danemark (350 000 chacun), Grèce (160 000), Chypre (150 000), Roumanie (70 000), Slovénie et Portugal (50 000 chacun). A l'image de la Pologne (30 000), les autres pays membres abritent des populations musulmanes peu nombreuses, et la proportion dans la population nationale totale est faible : la République tchèque, la Slovaquie, la Hongrie, la Lituanie, la Lettonie, l'Estonie, la Finlande, l'Irlande, Malte et le Luxembourg. Si l'on agrège ces données recueillies nationalement, on aboutit à une évaluation pour l'ensemble de l'Union que l'on peut estimer à 18 millions d'individus. On pourrait ajouter les données concernant les pays européens qui ne sont pas membres de l'Union, par exemple la Suisse où vivent 400 000 musulmans.

Dans tous les cas, rapportée à l'ensemble de la population européenne, qui dépasse les 500 millions, la population musulmane n'a jamais qu'un poids marginal

(3,6 %). On notera que son poids peut être plus important parmi les classes d'âge plus jeunes, compte tenu de l'histoire de l'immigration, les premières vagues importantes issues des pays musulmans ayant commencé dans les années 60-70, et compte tenu d'un différentiel de natalité qui ne semble concerner que la première génération. Ce point, on le verra, doit être étudié en fonction des différentes origines des immigrés. Le vieillissement de la population et le *dead boom* imminent devraient provoquer une augmentation du poids relatif et du nombre absolu des musulmans en Europe. Certes, le poids de l'islam restera minoritaire, mais l'observation des tensions actuelles suscitées par des cas de cohabitation interculturelles déjà difficiles conduit à penser que ces questions ardues vont occuper durablement le devant de la scène politique.

La question du nombre des musulmans est avant tout polémique. Sur le plan de l'analyse sociale, ce chiffre ne signifie pas grand-chose. Le nombre des musulmans amène facilement à penser qu'il existe une seule et unique communauté, homogène et soudée. Ce n'est pas le cas. Si la question du nombre de musulmans est un objet d'étude et de discussion au plan scientifique, elle est aussi un sujet de controverse au plan politique. Les spécialistes de l'islam mettent régulièrement en garde contre les simplifications sommaires qui, si elles ne sont pas plus répandues en ce domaine que dans d'autres, sont cependant susceptibles de conséquences plus importantes et rencontrent un écho spécifique en raison d'inquiétudes parfois très grandes. L'unification des musulmans d'Europe par la simplification est d'autant plus mal venue qu'il n'y a pas d'autre endroit que l'Europe où cohabite une si grande variété de formes d'islam : la diversité est ethnique, linguistique, religieuse, nationale, politique, et les musulmans laïcs sont certainement très nombreux. Il y a beaucoup de différences entre les musulmans venus de Turquie et ceux venus d'Afrique du Nord, et beaucoup de différences entre ces derniers, selon qu'ils viennent de la Tunisie, du Maroc ou de l'Algérie. Les mêmes n'ont pas grand-chose à voir avec ceux venus du Pakistan, du Bangladesh, de l'Iran ou de l'Irak, lesquels sont très différents de ceux venus de Tchétchénie, et tous sont également très différents des communautés musulmanes présentes dans les Balkans depuis plusieurs siècles.

De même, dans la plupart des pays de l'Union, il n'existe pas une communauté musulmane nationale, mais plusieurs, peut-être à l'exception de l'Allemagne où les Turcs sont quasi hégémoniques (près de 3 millions sur les 3,5 millions de musulmans). En France, où la communauté turque est nombreuse, on estime que les Algériens représentent un tiers des musulmans, les Marocains un quart et les Tunisiens environ 10 %. Aux Pays-Bas, ce sont les Tunisiens et les Marocains qui sont les plus nombreux, chacun pour un tiers. En Italie, les Marocains sont majoritaires, en Grèce et à Chypre, il existe de relativement fortes communautés irakiennes, tandis qu'en Grande-Bretagne la plupart des musulmans sont issus du sous-continent indien.

## Population immigrée : perception et réalité

En matière d'immigration, les impressions comptent plus que les statistiques. Cette différence est symptomatique d'une perception généralement admise qui fait que l'étranger est davantage le représentant d'une culture différente que le détenteur d'une autre nationalité. En un paradoxe apparent, si la pensée nationaliste est sensible au thème de l'étranger, c'est moins la nationalité d'un autre pays qui active le sentiment « national » que la perception d'une altérité ethnoculturelle. En ce sens, contrairement à ce que l'on peut lire souvent, le nationalisme ne consacre pas les nationalités. Il existe même certaines formes de « nationalisme » qui dénient à une personne la nationalité qui est pourtant la sienne au motif qu'elle représente une singularité ethnoculturelle qui serait antinomique avec une acception spécifique de la nation en question. Pour un certain nationalisme, un Français, un Anglais ou un Italien ne saurait être noir ou musulman. La figure de l'immigré, comme celle de l'étranger, flotte ainsi entre des critères juridiques et politiques rigoureux et objectivables – par exemple lorsque l'on décide que le fait d'être né dans un pays donne la nationalité de ce pays, soit le « droit du sol » – et des critères ethniques ou culturels subjectifs, changeants et flous, puisque ces critères peuvent jouer plus ou moins selon le statut social de la personne considérée. L'immigré se trouve pris, voire emprisonné, dans une figure de l'étranger dont les contours semblent se modifier sans cesse, comme, par exemple, lorsque le débat public met en avant l'identité chrétienne de l'Europe pour s'opposer à l'entrée de la Turquie tout en condamnant le port de la burqa au nom de la laïcité, présentée comme une valeur constitutive de l'identité républicaine. Il est difficile de ne pas voir dans de tels changements de pied l'un des mécanismes par lesquels les musulmans sont sans cesse renvoyés à la catégorie d'étrangers et ce, quelle que soit leur nationalité, malgré leur nationalité, comme si, soudainement, les nationalistes ne croyaient pas eux-mêmes à la signification de leur nationalité.

C'est en raison de cette confusion permanente entre les caractéristiques ethnoculturelles d'une personne et sa nationalité que les chiffres sur le nombre des étrangers ou des immigrés n'ont pas l'importance politique que l'on peut leur accorder d'un point de vue strictement statistique. Le pourcentage des étrangers au sein d'une population nationale décrit la réalité juridique d'une situation démographique mais ne traduit pas le monde perçu par l'opinion. Un immigré accédant à la nationalité d'un pays cesse logiquement aussitôt d'être comptabilisé comme « étranger ». Pour autant, il continue d'être regardé comme un étranger par une partie de la population, qui est peut-être la plus grande en raison de ses caractéristiques ethnoculturelles. Le comptage statistique est un certain regard porté sur le monde. Les critères de l'Etat ne sont pas toujours connus ou partagés par la population. Cet écart ressenti nourrit la mise en cause des statistiques que l'on soupçonne aisément d'être truquées.

La différence entre l'immigration perçue et l'immigration réelle a pu être mesurée. On a d'abord demandé aux personnes interrogées de fournir une estimation, en pourcentage, de la proportion d'immigrés composant la population totale de leur pays. Puis, dans un second temps, on a comparé cette estimation avec les données de l'OCDE ou, dans le cas de l'Italie, avec celles d'un organisme national. Les résultats montrent que les Européens surestiment très largement le poids de l'immigration dans la population de leur pays. Le chiffre de l'immigration perçue donné par les Britanniques (27 %) est très supérieur aux statistiques réelles (10 %), de même qu'en France, où le chiffre perçu (26 %) est sans rapport avec la réalité (9 %). Il en va ainsi dans tous les pays testés, que ce soit en Italie (23 % pour le chiffre perçu contre 6,5 % pour le chiffre réel), en Allemagne (23 % contre 13 %), en Espagne (24 % contre 13 %) ou aux Pays-Bas (25 % contre 11 %)[1].

On devine que le public continue de regarder comme immigrées des personnes issues d'une immigration remontant à deux ou trois générations, voire des populations qui sont présentes depuis toujours, comme dans le cas des nationaux d'outre-mer. En effet, une partie des personnes interrogées classent dans la catégorie « immigrés » des ressortissants nationaux au motif qu'ils sont noirs, métis ou qu'ils ont un type asiatique. Cette surestimation fournit probablement une mesure appropriée du problème politique, et peut-être même la seule véritable si l'on admet que les faits imaginés n'en produisent pas moins des effets réels. Il convient de

1. Transatlantic Trends 2009.

regarder les perceptions comme des forces agissantes aussi longtemps que l'on ne sait pas les corriger ou les dissiper. La différence entre l'immigration perçue et l'immigration réelle révèle le rôle des fictions individuelles et collectives dans la définition de l'immigration comme enjeu politique. Les chiffres officiels sont régulièrement soupçonnés d'être mensongers et de dissimuler une réalité politique embarrassante. La contestation des données n'est pas le propre des statistiques d'immigration mais, dans ce domaine, l'idée de chiffres truqués constitue un des thèmes favoris des populistes comme peut l'être, pour d'autres, la contestation systématique des statistiques du chômage.

Dans le monde ordinaire, l'identité nationale se lit volontiers dans l'apparence physique, la couleur de la peau, un accent, les vêtements ou la religion. La question de savoir si un voisin possède ou non la nationalité française n'a pas beaucoup d'importance, sinon aucune, pour celui qui estime que la cohabitation est difficile et qui attribue ces difficultés à des différences culturelles et comportementales censées renvoyer à une origine extra-européenne. C'est pourquoi, pour bien des Européens, les musulmans demeurent des immigrés, des étrangers, et le fait qu'ils soient nés en Europe, ou même que leurs parents ou leurs grands-parents y soient nés aussi, n'y change en réalité pas grand-chose. Là encore, les femmes et les hommes politiques qui se sont imprudemment opposés à l'entrée de la Turquie dans l'Union au nom d'une identité européenne chrétienne ou judéo-chrétienne ont donné leur approbation à une définition ethnoculturelle de l'étranger. Que pensent les

Européens musulmans, notamment ceux qui sont nés en Europe, de tels propos ? N'imaginent-ils pas qu'ils ne seront jamais regardés comme d'authentiques Européens ? Que pensent les Européens qui ne sont pas musulmans lorsqu'ils entendent leurs représentants politiques affirmer ainsi la nature judéo-chrétienne de l'Union européenne ? Ne sont-ils pas amenés à penser qu'ils ont bien raison de regarder le voisin musulman comme un éternel étranger, comme un impossible compatriote ? C'est une manière de donner raison aux partis populistes qui ne disent pas autre chose mais qui le disent plus clairement, avec plus de force et depuis plus longtemps. C'est d'ailleurs très précisément la doctrine officielle du British National Party et de son chef, Griffin, qui présente sa conception de l'identité nationale en la décrivant comme un « ethno-nationalisme », et en utilisant le mot.

# 2

# Le conflit des identités

Les sociétés européennes se sont trouvées face à la nécessité de recourir à une immigration importante afin de répondre aux besoins immenses de la reconstruction puis aux besoins de l'industrie et de l'agriculture pendant les décennies de forte croissance. Les élites dirigeantes n'auraient pu développer une telle politique d'immigration sans le consentement tacite des populations nationales. Les Européens dans leur ensemble ont adhéré avec enthousiasme au projet d'une société progressiste. Ils ont voulu atteindre un niveau de développement toujours plus élevé et accéder à un style de vie fondé sur l'amélioration permanente des conditions matérielles de l'existence, ce qui est très légitime. Pour ce faire, ils ont notamment approuvé implicitement le transfert à d'autres des fonctions de production les plus pénibles. Les Européens ont eu plusieurs décennies pour observer à quel point les travailleurs immigrés sont surreprésentés sur les chantiers du BTP, les chaînes de montage de l'industrie automobile ou la cueillette et le ramassage des fruits et légumes.

Il n'en demeure pas moins que la mise en visibilité soudaine d'une Europe multiculturelle constitue déjà, et demain plus encore, l'une des pièces majeures du procès instruit contre les élites, aujourd'hui accusées d'avoir laissé faire, de ne pas avoir vu ou même d'avoir cautionné l'avènement d'une telle société. Les professions intellectuelles et médiatiques sont tout autant concernées par cette mise en cause publique. Elles ont exagérément contraint, pour ne pas dire rendu impossible, la formation d'un débat public sur de telles questions, allant jusqu'à donner à penser que la seule expression d'une préoccupation à propos de l'immigration ou de ses conséquences constituait une faute morale. Les responsables politiques issus des partis de gouvernement, de gauche comme de droite, n'ont pas davantage osé, pendant longtemps, ou pas même souhaité remettre en cause cette stratégie d'enfouissement. La soudaineté de la découverte du multiculturalisme est certainement l'une des sources de la poussée populiste actuelle.

L'immigration peut déclencher deux formes de contentieux. Le premier est de type économique et social. Il porte sur les questions d'emploi et de salaire. Les travailleurs immigrés sont accusés de prendre des emplois aux nationaux et de favoriser la baisse du niveau des rémunérations dans une concurrence jugée déloyale avec les salariés du pays d'accueil. Le second type de contentieux est culturel et identitaire. Les immigrés se voient reprocher cette fois de ne pas accepter le style de vie, les normes et les codes culturels du pays d'accueil, de vouloir maintenir pour eux-mêmes leurs propres règles et, ce faisant, de constituer des communautés à l'intérieur de la communauté nationale. Dans le premier cas, l'immigration peut être accusée de concurrencer les ouvriers sur le marché de l'emploi ; dans le second, de menacer l'identité d'une nation. On voit donc que chacun des deux types de contentieux ne recouvre pas les mêmes contenus, n'a pas la même intensité et ne repose pas sur les mêmes clivages sociologiques, idéologiques et partisans. Le contentieux économique désigne une situation de conflit où l'immigration est supposée affecter les intérêts économiques de la classe ouvrière. Les partis de gauche et les syndicats n'ont pas su, n'ont pas pu ou n'ont pas voulu la défendre sur ce point. On peut y voir l'une des causes du déclin électoral des partis ouvriers dont les électeurs ou bien se retireront du jeu politique, dans l'abstention, ou bien alimenteront le renouveau des partis protestataires à partir des années 80, mais sur la base d'un contentieux culturel et non plus économique. Le contentieux qui se limite à la dimension économique et sociale reproche à l'immigré espagnol de venir « voler le pain » des Français selon une caricature en vogue à l'époque. Ce fut le cas autrefois en France avec l'immigration italienne, espagnole ou portugaise. C'est encore le cas aujourd'hui en Europe avec l'immigration venue des anciens pays communistes qui ont accédé à l'Union entre 2004 et 2007. On a vu en France de spectaculaires campagnes d'hostilité à l'égard des immigrés venus de l'Est, avec le « plombier polonais » pendant la campagne référendaire de 2005, ou en Grande-Bretagne, entre 2007 et 2009, lorsque le Parti travailliste fustigeait la concurrence des travailleurs venus des nouveaux Etats membres. De même, en Suède, en 2004, la fédération des ouvriers du bâtiment, Byggnads, s'est opposée à l'entreprise lettone Laval & Partneri qui avait remporté de nombreux appels d'offres dans les environs de Stockholm grâce à des ouvriers qu'elle faisait venir de Lettonie, pour une rémunération mensuelle brute de 1 533 euros contre 2 680 euros pour leurs collègues suédois, les ouvriers lettons étant par ailleurs nourris et logés par Laval & Partneri. La fédération suédoise des ouvriers du bâtiment et le syndicat des électriciens ont d'abord dénoncé cette concurrence transfrontalière, puis ont imposé des blocus pour empêcher le fonctionnement des chantiers. Le 13 décembre 2004, une quarantaine d'ouvriers suédois ont tenté d'empêcher les Lettons de pénétrer sur le chantier, obligeant la police à intervenir[1].

Le contentieux culturel désigne une situation de conflit où l'immigration est supposée affecter l'identité d'une communauté nationale. Au-delà de la seule classe ouvrière, plus isolée quand il s'agissait de défendre ses intérêts économiques, on trouve ici des assises sociologiques incomparablement plus larges : les classes moyennes et jusqu'à certaines fractions des classes les plus aisées peuvent se retrouver dans une préoccupation pour la défense de leur mode de vie, rehaussée en une défense de l'identité nationale. En d'autres termes, le passage d'un contentieux économique à un contentieux

1. Cf. Antoine Jacob, « Union européenne : les syndicats suédois mobilisent contre le dumping social frontalier », *Le Monde*, 14 décembre 2004.

culturel correspond à un fort gain de puissance électorale et aux fondements d'un mouvement interclassiste. On retrouve ici la plupart des caractéristiques du populisme.

## Moins de clochers, plus de mosquées

D'un autre côté, on croit assister à la montée en puissance de l'islam, qui est présenté comme la deuxième religion par le nombre de ses fidèles dans certains pays d'Europe. C'est notamment le cas en France. Plus nombreux par l'immigration, les musulmans d'Europe demandent légitimement des lieux pour pratiquer le culte. En octobre 2008, à Duisbourg, a été inaugurée la plus grande mosquée d'Allemagne. Elle peut accueillir 1 200 fidèles. L'édifice comprend un minaret de 34 mètres de haut Selon la correspondante du journal *Le Monde*, la construction de cette mosquée n'a suscité aucune controverse[1]. Au contraire, elle est le résultat d'une collaboration qui semble même avoir été exemplaire entre les autorités politiques locales et les représentants de la communauté musulmane. Dès le début, la municipalité a soutenu le projet. Une coopération entre les équipes municipales et les musulmans a été mise en place, très en amont, pour accompagner la conception et la mise en route du projet. Un conseil consultatif comprenant des musulmans, des représentants des Eglises, des partis politiques, des écoles, des universités et des

1. Cf. l'article de Cécile Calla dans *Le Monde* du 17 septembre 2008.

habitants du quartier a été constitué. Ce conseil a été sollicité pendant sept ans, de 2001 à 2008. Cependant, ce type de consensus demeure exceptionnel, et celui qui a accompagné la construction de la mosquée de Duisbourg s'est finalement révélé fragile. Le 28 mars 2010, une marche sur la grande mosquée a été organisée afin de dénoncer « l'islamisation de l'Europe ». Elle était conduite par un parti local d'extrême droite, associant des représentant du Vlaams Belang belge, de la Lega Nord italienne, du FPÖ autrichien et du MNR de Bruno Mégret. Ils réclamaient notamment la généralisation de la méthode référendaire suisse pour interdire la construction des minarets.

Ailleurs, les tensions sont perceptibles, parfois très vives. Ainsi, à Cologne, deux années de polémique et de bataille politique, y compris au sein des partis, ont débouché finalement sur l'autorisation accordée aux musulmans par la municipalité – chrétienne-démocrate – de construire une mosquée flanquée de deux minarets de 55 mètres de hauteur. Lorsque les travaux seront achevés, la mosquée de Cologne sera la plus haute d'Allemagne. La cathédrale de la ville qui culmine à 157 mètres n'est pas encore dépassée, mais l'opposition à la mosquée a été vive et le demeure. Le parti local d'extrême droite, Pro Köln, s'est vivement engagé dans la bataille, dénonçant « l'islamisation » du pays, lançant une pétition qui aurait rassemblé plus de 23 000 signataires, et invitant les partis européens d'extrême droite à le rejoindre dans ce combat. Des intellectuels ont pris part à la bataille, dans un climat durablement marqué par « l'affaire des caricatures » et, d'une manière générale, par les menaces que l'islam semble faire peser sur la liberté d'expression. Au Danemark, trois mosquées ont joué un rôle particulièrement actif dans la mobilisation des musulmans du monde entier contre le journal danois : celles d'Ahmad Abu Laban, à Copenhague, celle de Raed Hlayhel, à Aarhus, et celle d'Abu Bashar, à Odense[1]. L'écrivain Ralph Giordano a dénoncé « une démonstration de force de l'islam », et le fameux Günter Wallraff a proposé aux musulmans de Cologne de subir une sorte d'épreuve de tolérance en l'invitant à lire dans les locaux de la mosquée des extraits des *Versets sataniques* de Salman Rushdie[2].

En Allemagne, d'autres mosquées sont en cours de construction : à Francfort, à Munich, à Berlin ou à Kassel. Tous les élus et tous les responsables s'accordent à considérer que l'islam des arrière-cours et des caves contribue à empêcher l'intégration des musulmans et favorise probablement les courants obscurantistes et brutaux. Il n'en demeure pas moins que la montée en visibilité de l'islam suscite des réactions violentes et constitue désormais un enjeu politique majeur, au plan local comme au plan national, avec le risque de voir apparaître des équipes municipales élues pour empêcher la construction de mosquées et, conséquemment, des villes que les musulmans préféreront habiter parce qu'elles posséderont un lieu de culte digne de ce nom au risque de favoriser le *white flight*, c'est-à-dire le

1. Cf. Jeanne Favret-Saada, *Comment produire une crise mondiale avec douze petits dessins*, Paris, Les Prairies ordinaires, 2007, p. 52.
2. *Le Monde* du 17 septembre 2008.

départ des Blancs vers des quartiers peuplés de Blancs, et de voir apparaître, par voie de conséquence, des villes *de facto* communautaristes qui, à leur tour, alimenteront la montée du populisme.

Il est bien difficile de connaître le nombre des lieux de culte musulman en Europe car il y a une grande différence entre les lieux de prière, improvisés dans des locaux divers, et les véritables mosquées avec coupole ou minaret. Ainsi, en Allemagne, on estime qu'il y a 2600 lieux de prière dans des locaux divers, moins de 200 mosquées avec coupole et minaret et environ 200 projets plus ou moins engagés de mosquées de ce type. Ce sont évidemment ces bâtiments qui suscitent la polémique. Paradoxalement, bien des Européens se rassurent de ne pas voir les musulmans pratiquer leur culte, tandis que cette invisibilité est parfois la marque d'un islam incompatible avec l'intégration et d'autant plus propice aux mauvaises influences qu'il s'y rencontre des musulmans habités par la conviction qu'ils ne seront jamais acceptés.

La peur de l'islam est en pleine expansion. Elle est profonde et grande parce qu'elle n'est plus le propre des catégories populaires, hier fustigées par les élites qui, sur ce point, leur faisaient la leçon. Aujourd'hui, ce sont les milieux aisés qui mettent en cause l'islam au nom de la laïcité, au nom de l'égalité entre les hommes et les femmes, au nom de l'identité nationale ou de l'identité européenne.

## La multiplication des accommodements ethnoculturels

Pour ne pas avoir fait l'objet d'une décision publique, le multiculturalisme n'en est pas moins visible à travers ses manifestations, dans presque tous les domaines de la vie sociale : à l'école et à l'université, dans les hôpitaux, dans les commerces, les bureaux, sur la voie publique, les espaces de loisirs, les administrations, les prisons ou les tribunaux. Tous ces lieux offrent maints exemples, dans toute l'Europe, de la montée en puissance, depuis quelques années, d'aménagements permettant de faciliter les pratiques religieuses et les rites des musulmans d'Europe. De nombreux concitoyens s'étonnent de voir leur Etat donner le sentiment de favoriser l'islam, tandis qu'ils estiment que la religion chrétienne ne bénéficie pas d'autant de préventions. Si ces concitoyens semblent oublier que le christianisme s'éteint en Europe faute de pratiquants et non faute d'églises, leur étonnement n'en demeure pas moins l'un des ressorts d'une incompréhension et d'une exaspération que des chefs populistes ne manquent pas d'exploiter.

De fait, le développement d'une communauté musulmane favorise mécaniquement la montée en puissance de comportements et de revendications qui rendent plus manifeste l'avènement d'un monde multiculturel. De plus en plus souvent, en Europe, des procédures judiciaires sont perturbées par des références à l'islam. Il n'existe pas de statistiques sur le sujet, mais les exemples peuvent aisément être relevés. En France, des polémiques ont éclaté à propos d'audiences de tribunaux émaillées d'incidents provoqués par des conflits culturels et débouchant sur une sorte de multiculturalisme bricolé à la hâte pour faire face à une situation inédite qui appelle cependant une décision. C'est, par exemple, le cas lorsque les règles de fonctionnement de la justice républicaine se heurtent aux croyances et aux pratiques religieuses des justiciables. Plus fréquemment qu'autrefois, des suspensions d'audience sont demandées et accordées, notamment pour les temps de prière réclamés par des prévenus musulmans. Dans ce cas, la décision relève du président du tribunal qui est responsable de la police de l'audience. Il possède toute liberté pour accorder ou refuser de telles demandes. Lorsqu'ils accordent de telles suspensions de séance, comme le rapporte un observateur interrogé par la journaliste Anne-Charlotte de Langhe, les présidents n'ont pas le sentiment de « laisser entrer le communautarisme dans le prétoire, ils accèdent ou non à ces demandes d'interruption comme ils le feraient pour des accusés demandant à voir leurs proches lors d'une suspension de séance[1] ». De même, certains procès sont reportés en raison du ramadan. Des cas ont été rapportés où l'on a vu un prévenu très affaibli par le jeûne et les privations du ramadan ne pas pouvoir soutenir les longs débats de son procès. La demande peut également émaner des parties civiles, pour les mêmes raisons. A titre

1. Propos rapportés par Anne-Charlotte de Langhe, *Le Figaro* du 7 septembre 2008.

d'exemple, on peut encore citer le cas de la cour d'assises d'Ille-et-Vilaine qui, en septembre 2008, a décidé de reporter un procès pour cause de ramadan, l'un des accusés ayant fait valoir ses convictions religieuses pour en demander l'ajournement[1]. Plusieurs demandes de renvoi avaient été déposées en vain par les avocats de l'un des accusés. Finalement, dans une nouvelle demande, les avocats précisaient : « Nous avions omis de prêter attention au fait que, pour l'année 2008, la période du ramadan [...] va débuter le 2 septembre [...] Les contraintes qui en découlent nous amènent à considérer que notre client ne sera pas en pleine capacité de se défendre [...]. » L'un des conseils du prévenu concerné invoquait tout aussi clairement « les contraintes diététiques et les obligations cultuelles qui s'imposent » à son client, lequel, en raison du ramadan, aurait « déjà vécu quatorze jours de jeûne » au moment du procès qui devait s'ouvrir[2]. L'affaire avait suscité une si vive émotion que, au nom de la défense de la laïcité et au nom du refus du communautarisme, le procureur général du parquet de Rennes avait dû démentir les motifs religieux de sa décision, assurant dans un communiqué qu'« en aucune façon, le motif du ramadan n'avait été retenu. Ce serait contraire à tous les principes républicains de laïcité[3] ». Le président de la cour d'assises de Paris, Dominique Coujard, exprime à propos de cet enjeu une opinion mesurée : « De façon générale, nous

1. *Ibid.*
2. *Ibid.*
3. *Ibid.*

essayons de prendre en compte la situation personnelle des accusés qui vont comparaître aux assises. A condition que les motifs invoqués ne soient pas scandaleux, je crois qu'il faut tenter de trouver des solutions, afin que ces personnes soient en état de s'expliquer au mieux – ce qui est important pour toutes les parties. La pratique religieuse fait partie de la situation personnelle[1]. »

Il faut songer un instant à toutes les professions directement confrontées à des problèmes inédits qui mettent en cause ou bousculent les grands principes libéraux, individuels et collectifs, qui sous-tendent notre philosophie républicaine : l'éducation, la santé, la justice ou l'entreprise sont aujourd'hui des secteurs où il faut improviser dans l'urgence des réponses à des questions de fond laissées en déshérence par le débat public.

Par ses conséquences multiculturelles, l'immigration introduit des questions inédites, y compris sur le plan juridique, au point que l'on peut noter des moments d'hésitation jusque dans la doctrine. Ainsi, le 1er avril 2008, l'annulation du mariage de deux Français, tous deux d'origine marocaine et de confession musulmane, avait été prononcée par le tribunal de grande instance de Lille, en se référant à l'article 180 du code civil, retenant le prétexte que l'épouse avait menti sur sa virginité. Mais cette décision de fonder la nullité d'un mariage sur un tel argument revenait à introduire un motif discriminatoire portant atteinte aux principes d'égalité entre les sexes, de libre disposition du corps et de dignité de l'être humain. Les effets du multicultura-

1. *Ibid.*

lisme sont potentiellement explosifs. C'est d'ailleurs pour de telles raisons que, le 17 novembre 2008, la cour d'appel de Douai avait décidé de casser l'annulation du mariage.

En 2003, l'affaire des foulards avait polarisé le débat. La loi alors votée avait exclu de l'école les signes religieux ostensibles. Dans les universités, où le port du foulard est autorisé, des problèmes ont surgi à l'occasion d'examens, des étudiantes musulmanes ayant refusé de dévoiler leur visage, empêchant *de facto* les contrôles d'identité normalement pratiqués dans un tel cadre et rendant plus compliqué, selon certains types de voile, l'exercice du contrôle de connaissance. L'univers hospitalier est un autre lieu de rencontre, et parfois de choc, entre les principes. On relève de nombreux cas de parents musulmans s'opposant, ou tentant de le faire, à l'intervention d'un médecin homme sur une patiente musulmane. Quelques piscines municipales ont accepté les demandes émanant d'associations confessionnelles en organisant des horaires réservés aux femmes, mettant ainsi fin à la mixité mais cette fois pour des motifs religieux : à La Verpillière, dans l'Isère, à Sarcelles ou à Lille, amenant Martine Aubry à devoir s'expliquer sur ce point.

En France, le 5 mars 2007, le lycée privé musulman al-Kindi a ouvert ses portes à une vingtaine d'élèves de classe de sixième, à Décines dans la banlieue lyonnaise. Avec le collège Réussite d'Aubervilliers (Seine-Saint-Denis) et le lycée Averroès de Lille, le lycée al-Kindi devient le troisième établissement privé musulman d'enseignement secondaire de France métropolitaine.

Signalons également l'existence à la Réunion, depuis 1990, d'une école primaire musulmane sous contrat d'association avec l'Etat. Dans les entreprises, des demandes d'autorisation d'absence sont plus nombreuses pendant l'Aïd el-Kébir. Des aménagements sont proposés pendant le ramadan. Certains secteurs sont plus engagés que d'autres. C'est notamment le cas du BTP (bâtiment et travaux publics). Les cantines scolaires sont également l'objet de mesures spécifiques d'aménagement, sous la forme d'un menu alternatif pour les enfants qui ne mangent pas de porc. La demande de viande halal est exprimée. On observe le même phénomène dans les cantines des prisons. En 2003, la maison d'arrêt de Fleury-Mérogis avait même exclu le porc des cuisines de la prison, demandant aux non-musulmans de passer spécialement commande de nourriture à base de viande de porc[1]. Les revendications changent évidemment de nature lorsque le régime alimentaire exclut purement et simplement tout produit non halal. Ce fut le point significatif à l'occasion de l'ouverture des Quick halal, dès juillet 2009, mais qui n'ont pourtant retenu l'attention des médias qu'à partir de février 2010, lors de l'ouverture du Quick de Roubaix. Devenus halal, ces restaurants, au nombre de 22 au début de l'année 2011 (pour 400 restaurants), soit 6% de l'offre nationale de la marque, ont vu doubler leur chiffre d'affaires, laissant penser que ce type d'établissement pourrait se répandre.

Ces exemples permettent de montrer que la diversité

1. Cf. *Le Figaro* du 7 septembre 2008.

n'est pas le multiculturalisme, ce que met en lumière, par exemple, la différence entre le fait de proposer un menu alternatif sans porc dans les cantines scolaires à destination des enfants musulmans et le fait, de la part des familles musulmanes, de revendiquer un menu halal pour leurs enfants, comme on a pu le voir à Dreux, en 2004[1]. La diversité est la possibilité d'offrir des menus halal dans un restaurant, tandis que le multiculturalisme conduit à ne proposer que des menus halal ou sans porc, comme le fait la chaîne de restauration Quick dans une vingtaine d'implantations françaises. La diversité, c'est encore la possibilité de proposer aux clients des produits halal, tandis que le multiculturalisme revient à interdire la vente de viande non halal ainsi que la vente d'alcool dans un Franprix pourtant ouvert à tous, comme ce fut le cas à Evry en décembre 2002, déclenchant l'intervention énergique du maire socialiste de la ville, Manuel Valls, conduisant à la fermeture du magasin. Certains aménagements ont une valeur symbolique particulièrement forte et sont, pour cette raison, capables de susciter un grand retentissement, de marquer les esprits. Ainsi, en Espagne, en septembre 2009, lorsque les municipalités de Ceuta et Melilla ont approuvé l'ajout d'une fête musulmane dans le calendrier des jours fériés : l'Aïd el-Kébir, ou fête du sacrifice, qui sera désormais célébrée le 17 novembre. Cette nouvelle fête a été introduite sur proposition des représentants religieux de la communauté musulmane. En

1. Cf. *L'Echo républicain* du 25 novembre 2004 ; et Olivier Roy, *La Laïcité face à l'islam*, Paris, Stock, 2005.

cinq siècles, c'est la première fois qu'une fête religieuse non chrétienne est célébrée en Espagne. Plus de la moitié de la population de ces deux villes est de confession musulmane.

L'aménagement de l'offre alimentaire, dans le secteur public comme dans la restauration privée, l'aménagement d'horaires réservés aux femmes dans certains lieux publics, l'aménagement des lieux de prière dans les universités, les bureaux, les usines ou les grands magasins, tous ces aménagements concourent à accroître fortement la visibilité de la communauté musulmane. Les musulmans sont sans doute un peu plus nombreux qu'hier dans l'espace européen, mais ils sont surtout beaucoup plus visibles.

## La charia en Europe ?

Le 7 février 2008, l'archevêque de Canterbury, Dr Rowan Williams, prononçait une conférence sur le thème « Civil and Religious Law in England : a religious perspective » (« La loi civile et religieuse en Angleterre : une perspective religieuse »). Dans une interview donnée à la radio en amont de sa conférence, l'archevêque indiquait que l'introduction de la charia dans certaines parties de la Grande-Bretagne lui « semblait inévitable ». L'interview, plus que le contenu de la conférence, moins connu, a suscité un immense tollé. Devant l'ampleur de la polémique, l'archevêque s'est défendu en assurant que son argument avait été mal interprété. Le texte intégral de la conférence a été publié le 8 février par le *Sunday Times*. Il est consultable sur le site du journal.

En juillet, le chef du pouvoir judiciaire, le Lord Chief Justice, lord Phillips, a alimenté la controverse en indiquant que la charia pourrait être utilisée pour régler les différends conjugaux et financiers, déclenchant une nouvelle polémique. Pourtant, effectivement, il est apparu que des tribunaux ont commencé à produire des jugements fondés sur la charia dès le mois d'août 2007. Plus de 100 cas ont été recensés, qui vont du divorce à l'héritage en passant par les conflits de voisinage, les litiges financiers et jusqu'aux affaires de violence conjugale. Dans son édition du 14 septembre 2008, le *Sunday Times* révélait que le gouvernement britannique avait en fait accordé aux juges de la charia l'autorisation d'exercer leurs fonctions. Auparavant, les décisions des tribunaux de la charia étaient appliquées au cas par cas et n'avaient pas force de droit. Leur exécution ne pouvait découler que d'un acte volontaire de la part des individus concernés. Le tribunal musulman d'arbitrage, qui administre les tribunaux, a profité d'une clause dans la loi sur l'arbitrage de 1996. En vertu de cette loi, les tribunaux de la charia sont reconnus comme tribunaux d'arbitrage, à l'image des Beth Din, qui sont des tribunaux appliquant la loi juive dans le cas d'affaires civiles allant du divorce à des différends commerciaux concernant les membres de la communauté juive. Ils existent depuis plus d'un siècle en Grande-Bretagne. Ces tribunaux opèrent en fonction de la même loi sur l'arbitrage. Leur existence a été invoquée par les représentants des communautés musulmanes pour justifier le développement des tribunaux appliquant la charia[1]. C'est ainsi que des tribunaux de la charia dotés des pouvoirs d'arbitrage ont été mis en place à Londres, Birmingham, Bradford et Manchester. Le siège du réseau se situe à Nuneaton, dans le Warwickshire. Deux tribunaux supplémentaires sont prévus, l'un pour Glasgow, l'autre pour Edimbourg.

La loi islamique a été officiellement adoptée en Grande-Bretagne, avec des pouvoirs accordés aux tribunaux de la charia pour statuer sur des litiges civils musulmans. Les décisions de ces tribunaux ont force obligatoire de droit dès lors que les deux parties concernées acceptent de lui donner le pouvoir de statuer sur leur cas. Plusieurs responsables politiques et religieux, notamment le député conservateur Dominic Grieve, ont exprimé leurs préoccupations face à ce qui pourrait marquer l'amorce d'un «système juridique parallèle» fondé sur la charia et appliqué à certains Britanniques musulmans. On redoute en particulier que les femmes qui accepteront d'aller devant de tels tribunaux en soient victimes dans la mesure où la loi islamique est par principe favorable aux hommes. Des cas de litiges liés à des successions ont déjà montré que des filles avaient reçu deux fois moins que leurs frères, conformément à la charia, tandis qu'elles auraient reçu autant que leurs frères devant un tribunal britannique. De même, on a rapporté six cas de violence domestique pour lesquels les juges ont simplement ordonné aux

1. Cf. Abul Taher, «Revealed : UK' first official sharia courts», *The Sunday Times*, 8 février 2008.

maris de suivre des stages de gestion de la colère et de recourir aux conseils des aînés de la communauté, sans aucune autre sanction. Dans chacun de ces six cas, à la suite de la décision du tribunal musulman, les femmes ont retiré les plaintes qu'elles avaient déposées auprès de la police, provoquant l'arrêt des enquêtes[1].

La charia est enseignée dans certains établissements scolaires britanniques. Le 22 novembre 2010, dans le cadre de son émission « Panorama », la BBC a diffusé un documentaire qui montrait comment, dans certaines écoles coraniques anglaises, des professeurs apprenaient aux élèves à appliquer les châtiments corporels prévus par la charia. Le documentaire concerne le cas d'une école où 5000 jeunes Britanniques, âgés de 6 à 18 ans, se voient expliquer que les voleurs doivent avoir « leur main tranchée au premier délit et leur pied au second », et encore « qu'un voleur doit avoir la main droite tranchée à la hauteur du poignet. Celle-ci doit être ensuite cautérisée afin d'éviter une hémorragie pouvant entraîner la mort ». Ces manuels contiennent aussi une série d'opinions à l'égard de différentes catégories de personnes : ceux qui ne croient pas en l'islam sont condamnés au « feu de l'enfer » ; les homosexuels doivent être lapidés à mort, brûlés vifs ou jetés du haut d'une falaise, tandis que l'on assure que le « but principal » des juifs est de « prendre le contrôle du monde et de ses ressources »[2].

---

1. *Ibid.*

2. Emission « Panorama » de la BBC, le 22 novembre 2010, et la presse du lendemain, notamment *Libération* et *Le Parisien*.

## Intégration ou multiculturalisme

Depuis quelques années, l'évolution de l'immigration en Europe conduit à interroger le bilan de l'intégration. L'émergence du multiculturalisme est en elle-même la manifestation d'une conception de l'émigration portée par les émigrés, c'est-à-dire « nos » immigrés. Le multiculturalisme montre que, si les immigrants sont à la recherche d'une meilleure vie sur le plan matériel, ils ne sont pas nécessairement à la recherche d'un autre système de valeurs. Ils peuvent être satisfaits de celui qui est le leur et le juger préférable à celui des Européens. Très souvent, l'immigré qui vient d'un pays extra-européen arrive dans une grande ville dont les mœurs le déroutent tout autant sinon plus que les normes du pays d'accueil. L'historien hollandais Geert Mak, qui est par ailleurs l'un des intellectuels actifs dans la défense de l'immigration et des immigrés, a pointé la difficulté spécifique liée à l'intégration d'immigrants venus non seulement de pays extra-européens mais aussi des campagnes : « Au cours des années 70, une grande erreur politique a été commise, aux Pays-Bas comme ailleurs en Europe. Sans aucun principe de sélection, sans aucun principe stratégique, sans aucun programme d'accueil des nouveaux arrivants dans la société hollandaise, une grande vague de migrants est venue depuis les campagnes turques et marocaines vers les grandes villes hollandaises[1]. »

---

1. *Nagekomen flessenpost*. Amsterdam/Antwerp : Uitgeverij Atlas, 2005, 34. Cité par Christopher Caldwell, *Reflections on the Revolution in*

Mais faut-il blâmer quelqu'un? Sarfraz Manzoor, éditorialiste britannique d'origine pakistanaise, l'écrivait en ces termes : «Les hommes qui rêvent de quitter Lahore pour rejoindre Leicester, les femmes qui prient pour qu'un mariage arrangé leur permette d'aller du Bangladesh à Brick Lane, ne viennent pas parce qu'ils ont une quelconque affinité avec ce que l'on pourrait appeler le système des valeurs britannique. Ils cherchent à venir pour la simple et bonne raison qu'il est plus facile de vivre ici que dans le pays d'où ils viennent. C'est une raison parfaitement honorable et parfaitement compréhensible. Mais il est ridicule de soutenir que le seul impact produit par de tels mouvements sur notre pays est de nature économique[1].»

Le sentiment d'admiration que l'on peut éprouver pour une société que l'on rejoint comme immigré favorise probablement une meilleure intégration. Une bonne partie des dizaines de millions d'émigrants qui ont rejoint l'Amérique du Nord depuis la fin du XIX^e^ siècle ont certainement été mus par ce type de sentiment. Il est vrai que, jusqu'à aujourd'hui encore, s'installer aux Etats-Unis, c'est rejoindre un pays qui est à la fois l'un des plus libéraux et le plus puissant du monde, et dont l'assurance identitaire se manifeste dans cette sorte de multiculturalisme qu'ils pratiquent et que la plupart des Européens ne souhaitent pas imiter. C'est une combi-

---

*Europe. Can Europe be the same with different people in it?*, Allen Lane/ Penguin Books, 2009, p. 18.

1. Sarfraz Manzoor, «It's about feeling you belong here», *The Guardian*, 27 avril 2005, cité par C. Caldwell, p. 124-125 (traduction par D. Reynié).

naison de puissance, de prospérité et d'une forme de certitude nationale qui a produit le succès de l'immigration américaine. Il n'est pas certain que les immigrés extra-européens qui rejoignent aujourd'hui le vieux continent éprouvent un sentiment d'admiration pour l'Europe et son style de vie au point de vouloir l'adopter. Ce d'autant plus que les Européens offrent le spectacle de peuples confrontés à la déstabilisation de leur système de valeurs. La crise financière et le vieillissement démographique menacent la survie de leur modèle social et hypothèquent leur dynamisme au moment même où la globalisation leur dispute la prospérité. Enfin, le fort déclin du christianisme achève d'éroder l'idée que les sociétés européennes sont des sociétés consistantes, portées par un projet collectif identifiable. L'invitation à l'intégration suppose l'existence d'un modèle intégrateur.

Du côté des immigrés, la religion est au contraire très présente et l'islam domine largement. Or l'islam, en dépit d'une incontestable variété cultuelle, culturelle, linguistique et nationale, existe aussi en tant qu'univers commun à tous les musulmans. L'islam offre une sorte d'appartenance supplémentaire. Dans un monde globalisé, c'est une autre manière de devenir membre une communauté universelle, et l'*Umma* – la communauté des croyants – n'est pas moins consistante que la communauté consumériste offerte à l'humanité par l'état actuel de la globalisation. Autrement dit, les immigrés d'aujourd'hui se meuvent dans un système d'appartenances particulièrement complexe, combinant le pays d'origine, le pays d'accueil, la société civile planétaire et la communauté des croyants. Si, face à cela, le pays d'accueil semble ne plus savoir exactement quel modèle est le sien, l'intégration devient presque impossible et l'injonction de s'intégrer peut devenir indéchiffrable. Cette situation est la source de malentendus importants.

Enfin, pour couronner le tout, l'immigration se déploie désormais dans des conditions inédites auxquelles on ne prête pas suffisamment attention. Ainsi, jamais dans l'histoire de l'immigration l'arrière-fond n'a été comme aujourd'hui constitué par une fragilisation des nations et une mise en question de « l'identité nationale » des peuples. C'est la dimension psychologique et culturelle de la globalisation. Cela vaut d'ailleurs aussi pour les pays de départ. L'émigrant quittant, par exemple, un pays du Maghreb pour rejoindre un pays européen peut avoir le sentiment que l'identité de son pays est plus floue, de même que celle du pays qu'il rejoint, et investir conséquemment plus fortement son appartenance à l'islam pour tenter de compenser la crise des deux modèles nationaux de référence.

De même, pour la première fois dans l'histoire des migrations intercontinentales, il existe des outils de communication nombreux, d'un usage simple et relativement peu coûteux. Ils permettent de maintenir des relations étroites, y compris visuelles, avec les communautés d'origine, ses amis et les membres de sa famille restés au pays. La télévision par satellite permet l'accès à tous les programmes nationaux et internationaux des chaînes chinoises, arabes, brésiliennes, etc. Le web y donne également accès, par l'ordinateur ou, de plus en plus souvent, par le téléphone mobile. D'un autre côté, la téléphonie gratuite favorise fortement le maintien des relations avec le pays de départ, grâce à la VoIP (« *Voice over IP* », ou téléphonie sur IP tel Skype, depuis 2003, Live Messenger, Yahoo Messenger ou Google Talk). D'une manière générale, les relations sont encouragées par Internet qui permet l'échange de messages, d'images, de vidéos, etc., et offre aux immigrés l'opportunité inédite de rester inscrits dans leur culture d'origine en dépit d'un éloignement géographique par ailleurs rendu moins insurmontable compte tenu des moyens de transport disponibles et de la baisse des prix favorisée par les compagnies *low cost*. C'est dans cette nouvelle configuration historique que résident sans doute quelques-unes des raisons expliquant les déconvenues présentes à propos de l'immigration en général et de l'intégration des immigrés en particulier.

## Les Blancs vont-ils devenir minoritaires ?

Ce thème pourrait devenir l'un des grands sujets de la politique populiste d'aujourd'hui et de demain puisqu'il n'y a pas de source européenne à la croissance démographique. En conséquence, la part des immigrés et des descendants d'immigrés dans la population des nations européennes ne cesse de croître. La quasi-totalité de nos immigrés vient de pays non européens, de l'Afrique, du monde arabo-musulman, d'Asie, d'Inde ou de Chine. Il s'ensuit donc peu à peu, inévitablement, une modification de la composition « ethnique » des sociétés européennes. Il n'est pas toujours possible de le mesurer puisque dans quelques pays, comme la France, le recueil statistique de certaines informations n'est pas autorisé. Indubitablement, les populations européennes comptent un nombre croissant d'éléments démographiques issus de pays qui ne sont pas européens. La conjonction présente du vieillissement, de la contribution à la croissance démographique des nationaux issus de l'immigration et de la poursuite de l'immigration est en voie de fabriquer ce que l'on pourrait appeler un changement de décor démographique. Il pourrait surprendre. Aujourd'hui, en Suède, on estime que, sur une population de 9 millions d'habitants, 1,5 million sont immigrés ou descendants d'immigrés. Aux Pays-Bas, la proportion est de 3 millions pour 16 millions. Selon certaines projections, en 2050, 30 % des Hollandais auront au moins un parent d'origine étrangère. Toujours en 2050, selon le démographe David Coleman, la Grande-Bretagne compterait 7 millions de « non-Blancs » si l'immigration nette tombait aujourd'hui à un rythme annuel proche de zéro, mais passerait à 16 millions en maintenant un rythme annuel de 108 000 entrées nettes sur l'ensemble de la période. Le chiffre est cependant susceptible d'être très supérieur, le rythme annuel étant plus souvent situé aux alentours de 200 000 entrées[1]. L'immigration nette était encore de 196 000 personnes en 2009, malgré la chute du nombre d'entrées provoquée par la crise économique[2]. Entre 2005 et 2010, la

1. « 2004 was a record immigration year », *International Herald Tribune*, 21 octobre 2004.

2. Cf. « Shutting the door », *The Economist*, 20 novembre 2010, p. 39.

moyenne annuelle s'est située autour de 500 000. Pour l'ensemble de l'Europe, Coleman et Scherbov estiment qu'en 2050 la population d'origine étrangère sera comprise entre 20 % et 30 % de la population totale[1]. Les travaux du démographe britannique Phil Rees vont dans le même sens. D'après ses projections, entre 2010 et 2020, la population britannique verra le nombre des « Blancs » augmenter de 2 %, celui des « Métis » de 30 %, les « Asiatiques » de 19 %, les « Noirs » de 14 % et les « Chinois et autres » de 28 %[2].

En France, ce genre de travaux est malheureusement quasiment absent de la production universitaire et scien-

---

Les données viennent de l'ONS britannique (Office for National Statistics).

1. « Immigration and ethnic change in low-fertility countries – towards a new demographic transition ? » Texte présenté à *Population Association of America Annual Meeting*, Philadelphia, March 31-April 2 2005, Session 98, 1 avril.

2. Phil Rees, « Ethnic Population Projection : Review and Illustration of Issues », School of Geography, University of Leeds. Paper presented at the Workshop on *Monitoring Population Change with an Ethnic Group Dimension,* Cathie Marsh Centre for Census and Survey Research, University of Manchester, Friday May 18th, 2007. On comprendra que de telles projections sont non seulement affectées par les écarts entre les hypothèses de variation des indicateurs et les évolutions réelles enregistrées après coup, mais qu'elles dépendent aussi des modes de calcul des indicateurs démographiques pertinents. Ainsi, à titre d'exemple, le taux de fécondité de la population féminine asiatique britannique en 2001 varie selon les auteurs de 2,32 à 1,85. Il a été en effet estimé à 2,32 par Coleman et Scherbov (*op. cit.*), puis à 1,85 par Large et Ghosh (Large, P. et Ghosh, K., 2006 : « Estimates of the population by ethnic group for areas within England », *Population Trends,* 124, 8-17) et enfin à 1,94 par Rees (Rees, P., 2007 : « What happens when international migrants settle ? » Projections of ethnic groups in UK regions. In Raymer, J. and Willekens, F. (eds), *Estimation of International Migration in Europe : Issues, Models and Assessment*).

tifique. On peut toutefois se reporter à l'étude de la démographe Françoise Legros sur la fécondité des étrangères en France, mais elle repose sur des données qui s'arrêtent en 1999. Elle y montre notamment que la fécondité des étrangères en France entre 1990 et 1999 atteint 2,8 enfants par femme, contre 1,72 pour les Françaises[1]. Ce sont les Africaines (hors Maghreb) qui sont les plus fécondes (4,07 pour la période 1998-1999). Françoise Legros montre que le comportement démographique des étrangères tend avec le temps à se rapprocher de celui des Françaises, même si les données qu'elle présente font apparaître que les taux de fécondité des femmes étrangères restent très supérieurs à celui de l'ensemble de la population féminine (par exemple, en 1998-1999, il est de 3,25 pour les femmes venues d'un pays du Maghreb). Françoise Legros montre également que la tendance à la convergence démographique est fonction des origines nationales, les femmes issues d'un pays de l'Afrique noire conservant sur l'ensemble de la période 1982-1999 un taux de fécondité supérieur à 4).

D'autres travaux, dans d'autres pays, soulignent que cette convergence tendancielle des taux de fécondité est fonction du pays de provenance, comme l'écrit Nicholas Eberstadt : « L'image est loin d'être uniforme. Aux Pays-Bas, par exemple, la fécondité des immigrants d'origine indonésienne est pratiquement identique à celle des Hollandaises d'origine. En Allemagne, la

1. Françoise Legros, « La fécondité des étrangères en France », *Insee Première*, n° 898, mai 2003.

fécondité turque a chuté de plus de la moitié entre 1970 et 1998. Et bien que toujours supérieur à celui des Allemandes, le taux de fécondité des Allemandes d'origine turque est un peu en dessous des niveaux rapportés au même moment dans le Kansas. En Belgique, le taux de fécondité des Marocaines était encore proche de 4 à la fin des années 90, soit 2,5 fois supérieur à celui des femmes belges autochtones, mais aussi beaucoup plus que celui des Marocaines du Maroc ! Enfin, en Grande-Bretagne, si la fécondité pour la majorité des immigrants venus d'Inde et d'Afrique orientale a convergé pour se situer à près de 20 % au-dessus du niveau local britannique, en 1996, les taux de natalité des femmes venues du Pakistan et du Bangladesh restaient près de 3 fois supérieurs à celui de leur hôte[1]. »

Les questions identitaires sont profondément affectées par la démographie. Il est un fait que si le nombre des « Blancs » décline, tandis qu'augmente celui des « Noirs », des « Métis » ou des Arabes, les populations seront sensibles à l'idée de leur propre déclin, aux thèmes de la dépossession, d'une perte, etc. Enfin, ce sont les questions de « fécondité apparente » ou « manifeste » qui conduisent les populistes à agiter non seulement le thème du déclin de l'homme blanc mais aussi celui du siphonage des dépenses sociales par les familles immigrées, thème moteur du populisme patrimonial. Selon leur logique, si les immigrés ont plus

1. Nicholas Eberstadt, « A Union of a Certain Age. Can a Graying Europe be a Powerful Europe ? » *Milken Institute Review*, second quarter, 2005, p. 47 (traduction par D. Reynié).

d'enfants que leurs hôtes et qu'ils reçoivent une aide sociale, cela implique que leurs hôtes supportent le coût d'un repeuplement qui leur est pourtant culturellement défavorable. Il est important de comprendre que tous les pays européens sont confrontés au rétrécissement de leur population originelle et à l'expansion de la population immigrée et d'origine immigrée.

La question des équilibres ethniques s'installe au cœur des débats politiques nationaux et européens sur le multiculturalisme, l'immigration et l'identité nationale. Ce sont des questions particulièrement difficiles à traiter parce que, faisant référence à des origines, voire à la couleur de la peau, elles peuvent déboucher sur des considérations à caractère raciste. Mais il existe un second danger attaché à l'extrême sensibilité de ces questions, c'est le silence observé par les élites politiques, intellectuelles et médiatiques, par crainte d'alimenter les discours racistes, laissant ainsi ces interrogations et ces inquiétudes travailler sourdement la société. C'est sur ce non-dit que les populistes imposent leur discours, pointant les tentatives d'enfouissement, de dénégation et de censure qu'ils prêtent aux responsables des partis de gouvernement et qu'ils dénoncent comme malhonnêtes et dangereuses, et c'est encore sur ce non-dit qu'ils peuvent mettre en scène leur prétendue adéquation avec les profondeurs de la société.

L'enjeu est de taille car l'évolution démographique des sociétés européennes est entrée dans une phase d'accélération. Les projections indiquées par les démographes sont des moyennes nationales. Les manifestations concrètes du grand repeuplement qui commence seront d'autant plus fortes que les quartiers, les villes ou les régions concernés seront plus pauvres et plus populaires. Ce surpeuplement relatif des immigrés et de leurs descendants peut également concerner des zones géographiques habitées par des classes moyennes. Le repeuplement sera accentué dans les apparences par un mécanisme de fuite des résidents initialement installés, selon le phénomène du *white flight*. Les immigrés arrivent peu à peu et s'installent dans une ville ou dans un quartier, provoquant la suspicion des populations présentes, lesquelles imaginent que le niveau d'éducation scolaire de leurs enfants baissera, que l'insécurité augmentera et qui veulent préserver leur patrimoine immobilier dont la valeur est aussi fonction de l'environnement social. Le *white flight*, publiquement fustigé mais toujours pratiqué en catimini, a pour effet de précipiter et de renforcer le changement ethnique d'une ville ou d'un quartier. Certaines localités seront plus touchées que d'autres. En Angleterre, la population de Birmingham était à 77 % « blanche » aux débuts des années 90, elle l'était à 65 % en 2006. Les projections laissent imaginer que les « Blancs » y seront minoritaires vers 2026, de même à Leicester, où la population était à 70 % « blanche » en 1991, et à 59 % en 2006[1]. Selon une étude de Christophe De Voogd, « la population issue de l'immigration deviendra majoritaire dans

1. Cité par Christopher Caldwell, *Reflections on the Revolution in Europe. Can Europe be the same with different people in it ?*, *op. cit.*

les trois premières villes du pays dans les années 2020[1] ».

## Le retour du conflit religieux et la laïcisation des populismes

Dans tous les domaines, partout en Europe surgissent une multitude de conflits engendrés par la religion. La question religieuse fait un retour fracassant au cœur d'un continent où l'on croyait en avoir fini depuis longtemps avec ces différends métaphysiques presque toujours impossibles à réguler et qui produisent des conflits d'une intensité sans pareille, si l'on en juge par les conséquences qui conduisent au fanatisme[2]. C'est tout le modèle philosophique, juridique et politique européen qui doit à l'invention d'un ordre public libéral et laïcisé. Dans des pays comme la France ou les Pays-Bas, de tels sujets sont éminemment sensibles. En France, nous avons pris l'habitude de regarder la Révolution de 1789 comme le grand moment fondateur de la nation politique. Le 14 juillet est ainsi devenu journée de la fête nationale. La prééminence de la Révolution est cependant contestable. Non pas au motif qu'elle n'aurait pas d'importance mais plutôt parce qu'elle écrase la force d'un cycle antérieur d'événements dont nous ne

1. Christophe De Voogd, « Pays-Bas, la tentation populiste », in *Innovation politique 2011*, Presses universitaires de France/Fondation pour l'innovation politique, Paris, 2011, p. 595.

2. Cf. Dominique Colas, *Le Glaive et le Fléau, généalogie du fanatisme et de la société civile*, Paris, Grasset, 1992.

sommes pas moins les héritiers et auxquels nous devons une part importante de notre identité politique. Les guerres de Religion du XVII^e siècle ont en effet donné, sur fond d'un immense traumatisme, les fondements de la politique laïque et libérale moderne, et cette fois, non seulement en France, mais dans l'Europe tout entière. Il ne faut pas oublier que l'immigration extra-européenne, dans la mesure où elle est principalement une immigration musulmane, peut œuvrer à la réintroduction de contentieux fondés sur les différends métaphysiques dont l'arbitrage est par nature impossible. Il n'est pas aisé de produire des consensus lorsque l'on s'affronte à partir de convictions religieuses divergentes. A cause des guerres de Religion qui l'ont ensanglantée, l'Europe possède l'expérience du fanatisme, des conflits qu'il engendre et de cette violence singulière qui n'oppose pas entre elles des nations, comme dans le cas des guerres nationalistes, mais bien des individus appartenant à une seule et même nation, comme dans le cas des guerres civiles, et plus capables de mourir en martyrs pour leur Dieu qui les attend que de mourir en soldats inconnus pour leur nation qui les enterre. La guerre de Religion est un modèle de conflit où le partage ami/ennemi n'épouse pas le contour des frontières mais s'immisce à l'intérieur, séparant les uns des autres des individus qui croyaient jusque-là former une seule et même communauté. La présence des conflits religieux dans la mémoire collective européenne est plus vivace que l'on ne peut l'imaginer dans une première approche superficielle. Ces conflits sont toujours redoutés parce que le souvenir de leur difficile régulation demeure, ce dont les Irlandais font toujours l'expérience aujourd'hui. En raison de cette crainte profonde, active, le thème de la laïcité est en mesure de jouer un rôle à nouveau important. Les Européens inquiets devant ce qu'ils perçoivent et percevront comme une poussée de l'islam n'auront pas le sentiment qu'ils peuvent riposter en reprenant le chemin de l'Eglise qu'ils ont largement abandonnée. C'est très lucidement qu'ils n'y croient plus. En revanche, ils peuvent voir dans la laïcité le moyen de contenir la poussée de la religion, c'est-à-dire, en fait, de l'islam. C'est la raison pour laquelle l'extrême droite chrétienne d'hier cède peu à peu la place à des partis populistes laïcisés, parfois à la hâte, pour profiter de l'aubaine. La conversion, si l'on peut dire, du Front national à la laïcité, dont il s'affirme le principal défenseur et garant, est parfaitement emblématique d'un tel mouvement.

En moins de dix ans, il n'y a pas un seul pays européen qui n'ait été confronté à la question des signes religieux, pas un seul gouvernement qui ne se soit trouvé dans l'obligation de réfléchir à la production de lois, voire de produire de nouvelles lois pour y répondre. L'Irlande a connu, au cours de la décennie qui vient de s'écouler, une immigration sans précédent qui a fortement amplifié la diversité religieuse du pays. En août 2007, un membre de la communauté sikh n'a pas pu rejoindre les rangs de la police nationale parce que son couvre-chef traditionnel, le turban, n'y était pas admis. Cette décision a été critiquée par le conseil sikh irlandais (*Irish Sikh Council*), et si l'affaire n'a pas dégénéré, elle a ouvert en Irlande un débat sur le port de signes religieux dans les services publics. En France, le port de signes religieux dans les écoles publiques a donné lieu à une vaste controverse nationale en 2003, débouchant sur la loi du 15 mars 2004 qui dit que « dans les écoles, les collèges et les lycées publics, le port de signes ou tenues par lesquels les élèves manifestent ostensiblement une appartenance religieuse est interdit »[1]. La loi de 2010 sur la burqa offre un nouveau cas de modification de l'édifice législatif – avec une réduction substantielle des libertés et même, dans certaines conditions, la possibilité d'une atteinte à l'égalité entre les hommes et les femmes, tandis que cette loi prétendait la protéger et l'accomplir. Dans de nombreux pays, c'est la réglementation de l'abattage des animaux qui fournit l'occasion de nouveaux contentieux ou de contentieux réactivés. Les communautés juives et musulmanes se heurtent aux pouvoirs publics, tel le Farm Animal Welfare Council britannique, ou à des associations de protection des animaux telles la Société britannique de protection des animaux (RSPCA) ou la Fondation Brigitte-Bardot. C'est l'excès de souffrance animale provoqué par l'abattage sans étourdissement préalable qui est dénoncé, mais c'est régulièrement le prétexte d'une polémique supplémentaire accrochée à la question de l'immigration ou à la question de la place de la religion dans nos sociétés européennes.

1. Les modalités d'application sont précisées dans la circulaire du 18 mai 2004.

## L'islam et le libéralisme européen

Nul n'a oublié l'affaire Salman Rushdie qui est certainement la première du genre. Salman Rushdie, écrivain d'origine indienne devenu britannique, a publié en septembre 1988 un roman intitulé *Les Versets sataniques*. En raison d'une réhabilitation littéraire de versets qui, selon la légende, n'ont pas été retenus par Mahomet parce qu'ils lui auraient été inspirés par le diable dans une épreuve de tentation, le roman suscite de vives réactions de la part de musulmans. Le 14 février 1989, le « guide suprême » de la révolution iranienne, l'ayatollah Khomeyni, lance sur Radio Téhéran une *fatwa* appelant tout musulman qui le pourrait à exécuter l'écrivain. L'affaire embrase le monde, manifestant de façon spectaculaire l'incompatibilité d'un certain islam avec les valeurs libérales. Rushdie est contraint de vivre caché et sous haute protection. En juillet 1991, le traducteur italien des *Versets sataniques* est poignardé à Milan. Quelques jours après, c'est le traducteur japonais qui est assassiné dans son pays. En 1993, William Nygaard, l'éditeur norvégien du livre, est victime à Oslo d'un attentat, échappant de peu à la mort. En Turquie, 37 personnes meurent dans l'incendie de l'hôtel où résidait le traducteur turc de l'ouvrage. Le livre est brûlé publiquement dans le monde entier, mais aussi dans les rues de Bradford.

L'affaire Rushdie fait surgir avec un éclat dramatique la différence entre la diversité et le multiculturalisme. Elle annonce le retour de conflits motivés par un différend religieux, réactivant les images de guerre civile qui les accompagnent. Elle met au jour l'importance de l'écart qui peut séparer des conceptions de la société et de l'individu sur le territoire européen. L'affaire apporte aux Européens médusés la démonstration empirique de la contestation de leur modèle de société, non seulement dans le monde, mais aussi et surtout jusqu'au cœur de leurs sociétés. Encore convaincue de la force et de la justesse de son ordre libéral, l'Europe découvre qu'une partie du monde n'en veut pas, ne souhaite pas l'imiter et, plus encore, qu'une partie des Européens sont disposés à le remettre en cause. Cette fois, ce ne sont pas des fascistes ni des communistes qui font vaciller le modèle libéral européen, mais des croyants musulmans. Cette crise change brutalement le rapport des Européens à l'immigration parce qu'elle traduit la mise en visibilité soudaine de l'immigration musulmane ; parce qu'elle révèle l'échec de l'intégration, comme le montre indiscutablement l'engagement de certains musulmans d'Europe dans la dénonciation violente de l'écrivain britannique, au mépris de tous les principes libéraux qui fondent nos sociétés en matière d'opinion, de tolérance et de pluralisme ; parce qu'elle annonce la remise en cause du principe de la liberté d'opinion en réintroduisant *de facto* un délit de blasphème dont la disparition, au XIXe siècle, consacrait précisément l'avènement de la liberté d'opinion et de la liberté de la presse ; parce qu'elle réintroduit la question religieuse au cœur des conflits, réactivant ainsi la mémoire collective européenne des guerres de Religion, c'est-à-dire l'angoisse de la guerre civile. Enfin, l'affaire Rushdie met au jour l'appartenance des musulmans d'Europe à une communauté globale que certains d'entre eux placent au-dessus de leur nation dans la hiérarchie des appartenances et des loyautés, comme le montre également le cas de Ayaan Hirsi Ali.

Ayaan Hirsi Ali est une femme politique hollandaise, menacée de mort depuis la publication, en 2002, de son livre *De Zoontjesfabriek*, traduit en français sous le titre *Insoumise*[1], dans lequel elle dénonce la condition faite aux femmes par les musulmans, pointant une obsession jugée maladive de la virginité, la pratique des mariages forcés et leur transformation en viol, la réclusion des épouses, l'excision, etc. Mais elle fustige également les démocraties occidentales auxquelles elle reproche de ne pas s'opposer plus fermement à une interprétation rétrograde de l'islam. En 2004, Ayaan Hirsi Ali a réalisé avec son compatriote Theo Van Gogh une adaptation cinématographique de son livre sous la forme d'un court métrage intitulé *Submission*, dénonçant la soumission des femmes dans l'islam et mettant notamment en scène un corps de femme nue sur lequel étaient inscrits des passages du Coran. C'est ce film qui a valu à Theo Van Gogh d'être sauvagement assassiné par Mohammed Bouyeri le 2 novembre 2004. Pendant son procès, ce Néerlandais d'origine marocaine a revendiqué son geste au nom du devoir qui incomberait à tout bon musulman de combattre les ennemis de l'islam. L'assassinat de Theo Van Gogh a d'abord produit les effets sans doute espérés par son instigateur. Un climat

1. Paris, Robert Laffont, 2005.

de peur s'est installé empêchant quiconque de présenter un point de vue critique à l'égard de l'islam.

C'est en raison de ce contexte que l'écrivain danois Kåre Bluitgen, en 2005, n'est pas parvenu à faire illustrer un livre pour enfants consacré à Mahomet qu'il écrivait, les artistes danois qu'il avait sollicités lui ayant avoué craindre des réactions violentes de la part d'extrémistes musulmans. Informé des obstacles rencontrés, le journal danois *Politiken* publiait alors un article «Dyb angst for kritik af islam» (La peur de critiquer l'islam), dans lequel les difficultés de Bluitgen étaient relatées. Le journal dénonçait l'installation d'un régime d'autocensure, en prenant la peine de ne pas fustiger l'islam mais certains imams, danois ou installés au Danemark[1]. C'est en réaction à cette suspicion d'autocensure que Flemming Rose, le responsable du service culturel d'un journal danois conservateur, *Jyllands-Posten*, a décidé d'inviter des dessinateurs danois indépendants à lui proposer des caricatures de Mahomet afin de les publier[2]. Parmi la quarantaine d'artistes contactés, douze ont répondu favorablement à cet appel. Le 30 septembre 2005, sous le titre «Les visages de Mahomet», les douze caricatures, en fait des dessins, étaient publiées par le journal danois *Jyllands-Posten,* l'une représentant Mahomet coiffé d'un turban en forme de bombe, provoquant l'indignation de musulmans. La publication des dessins s'est propagée ensuite, entraî-

1. *Politiken*, 17 septembre 2005.

2. Voir à ce sujet l'excellente enquête de Jeanne Favret-Saada, *Comment produire une crise mondiale avec douze petits dessins*, *op. cit.*

nant conséquemment les protestations d'organisations musulmanes, souvent menaçantes, parfois violentes, s'en prenant partout aux intérêts des entreprises danoises et aux représentations diplomatiques de ce pays européen.

L'intérêt de ce rappel est de montrer à quel point, de façon très précise, l'immigration et l'islam peuvent se trouver liés à une menace pesant sur l'identité libérale de l'Europe. De manière très claire, contre la philosophie présidant à la liberté d'opinion et à la liberté de la presse, une partie des musulmans d'Europe ont souhaité le retour au délit de blasphème disparu lors de l'avènement du régime juridique libéral au fondement de l'ordre politique européen, au niveau des nations ou de l'Union.

La mobilisation de certains musulmans contre la publication des caricatures n'est pas restée sans effets. La peur de critiquer l'islam, déjà présente auparavant, puisqu'elle est au moins en partie la cause de la crise, s'est installée plus profondément, déroutant une partie de l'opinion qui a pu avoir le sentiment que les élites politiques, intellectuelles et médiatiques européennes ne s'étaient pas aussi puissamment mobilisées que l'on aurait pu l'espérer compte tenu de la place et de l'importance qu'elles affirment accorder en général à la liberté. Ainsi, la publication des caricatures par les journaux européens aurait pu être massive, en signe de solidarité avec les journaux danois, pour défendre la liberté d'opinion et la liberté de la presse. Il n'en fut rien, et de nombreux cas de journaux refusant de publier les dessins ont été rapportés, y compris en France[1]. Le journal *Libération*, qui cette fois portait mal son nom, n'a ainsi spontanément pas accepté de reproduire les caricatures au motif que les dessins n'étaient pas de bonne qualité. Le quotidien a dû s'y résoudre quelques jours plus tard, mais sous la pression générale. C'est *France-Soir* qui fut le quotidien le plus en pointe, et son directeur, Jacques Lefranc, fut d'ailleurs licencié pour cette raison par le propriétaire nommant un successeur, Eric Fauveau, qui démissionna aussitôt en signe de solidarité. Du côté des magazines, c'est *Charlie Hebdo* qui joua le rôle éminent. Ce sont ces journaux, et non ceux qui ont été le plus souvent cités, qui ont correctement tenu leur place dans l'exercice de solidarité avec la presse danoise et européenne. La presse britannique s'est montrée également très frileuse, à distance de son attachement traditionnellement farouche aux grands principes du libéralisme.

Du point de vue de l'opinion, une telle crise est déroutante car la confrontation a eu lieu avec des immigrés issus de pays autoritaires. Les pays du vieux continent se trouvent confrontés à une opposition dressée

1. On peut voir avec profit l'article consacré à cette affaire par l'encyclopédie en ligne Wikipédia. On notera d'ailleurs que la version française de cette encyclopédie ne reproduit pas les dessins incriminés, contrairement à plusieurs autres versions de Wikipédia, notamment les versions anglaise, finlandaise, luxembourgeoise et slovène, comme le signale d'ailleurs l'article français. Un argument a été déposé : « En raison d'une incertitude quant à la possibilité légale de publier sur Wikipédia francophone les caricatures, celles-ci ne figurent pas dans cet article. » Cette incertitude n'a cependant pas empêché le Wikipédia francophone de publier l'une des caricatures sur la Shoah qui a reçu le deuxième prix au concours qui avait alors été lancé en guise de rétorsion (11/03/2011).

contre la culture politique libérale et laïcisée qui les caractérise et qui sert de référent commun à l'ensemble de leurs citoyens. A ce titre, la crise des caricatures danoises a pu favoriser l'impression d'une fragilisation du modèle européen. Elle a pu nourrir le doute quant à la capacité de résistance des élites intellectuelles et médiatiques, voire des élites politiques. Au contraire, c'est à cette occasion que plusieurs responsables politiques ont voulu réduire la liberté d'opinion et la liberté de la presse en tentant de réintroduire un délit de blasphème. Ainsi, à titre d'exemple, un élu français, le député UMP du Gard Jean-Marc Roubaud, a déposé le 28 février 2006 une proposition de loi visant l'interdiction des propos et des actes injurieux contre les religions, soutenu par Eric Raoult, député UMP de la Seine-Saint-Denis. La présence d'une importante communauté musulmane dans chacun de ces deux départements permet d'entrevoir les effets que les pratiques clientélistes traditionnelles peuvent avoir sur les questions culturelles et politiques dans un cadre multiculturel. En Grande-Bretagne, par deux fois, Tony Blair a tenté d'introduire une législation considérant l'incitation à la haine religieuse comme un crime, au même titre que l'incitation à la haine raciale. Un premier essai a eu lieu en juillet 2004, sans succès. Le second en janvier 2006. La proposition de loi a fait l'objet d'une vive opposition parce qu'elle pouvait exposer à des poursuites judiciaires les opinions critiques ou humoristiques émises à propos de la religion. En février, elle fut rejetée de la même façon par le Parlement, au nom de la défense de la liberté d'expression.

L'affaire des caricatures danoises a montré que les grandes divergences de vue sur les libertés étaient de retour au sein des sociétés européennes où, depuis l'effondrement du communisme, on pensait avoir clos triomphalement ce grand débat commencé au XVIe siècle dans la dénonciation de la tyrannie. Une enquête d'opinion portant sur la désignation des causes et des responsabilités de l'affaire des caricatures de Mahomet a mis en lumière un clivage intra-européen entre les musulmans et les non-musulmans. Les résultats font apparaître deux interprétations spectaculairement opposées. D'un côté, les musulmans jugent à une très large majorité que la responsabilité de la crise incombe principalement aux Occidentaux qui n'ont pas respecté l'islam. Ils sont 79 % à penser cela parmi les Français musulmans, 71 % parmi les Allemands musulmans, ainsi que 80 % des Espagnols musulmans et 73 % des Britanniques musulmans. De l'autre côté, les non-musulmans voient au contraire la cause de cette crise dans l'intolérance des musulmans. Ils sont 67 % à le penser parmi les Français non musulmans, 62 % parmi les Allemands non musulmans, ainsi que 53 % des Espagnols non musulmans et 59 % des Britanniques non musulmans[1]. Il est difficile d'imaginer un clivage plus net.

On notera également que la position des musulmans est de même sens et de même intensité quelle que soit l'origine nationale des personnes interrogées, chacun des pays européens pris en compte dans l'enquête

1. *The Pew Global Attitudes Project*, juin 2006. Ces résultats sont basés sur les personnes ayant déclaré avoir entendu parler de la controverse.

accueillant des musulmans issus de zones géographiques et culturelles très différentes et représentant certainement chaque fois un islam singulier.

Réagissant à cette crise, un professeur de philosophie, Robert Redeker, publie dans *Le Figaro* du 19 septembre 2006 un article intitulé « Face aux intimidations islamistes, que doit faire le monde libre ? ». Il y dénonce la mise en cause des libertés par l'islam en des termes jugés brutaux par *Le Figaro* qui retirera le texte de son site et présentera ses excuses aux musulmans sur la chaîne Al-Jazeera. Menacé, Robert Redeker doit vivre caché. L'affaire rencontre un écho important en France, relançant le climat d'hostilité à l'égard de l'islam, mais cette fois au sein de l'intelligentsia.

D'un autre côté, l'affaire des caricatures danoises a permis de mettre en lumière la détermination de certains musulmans à défendre les valeurs libérales et démocratiques, tel Soheib Bencheikh, l'ancien grand mufti de Marseille, qui, le 13 février 2006, lors d'une conférence de presse a déclaré : « En tant que musulman, mes sentiments et mes convictions sont froissés. Mais si les musulmans veulent vivre et cohabiter avec d'autres religions, d'autres philosophies, dans un espace areligieux qui accueille tout le monde, ils doivent s'apprêter à être choqués de temps en temps. Comme la religion, la liberté d'expression est sacrée[1]. » Soheib Bencheikh a récusé la légitimité non seulement des manifestations mais aussi des actions en justice contre la publication des caricatures. La veille, sur la chaîne télévisée de

1. Associated Press - 14/02/06.

l'Assemblée nationale, il avait jugé « inadmissible de rester l'otage d'une horde de fanatiques qui, au lieu de répondre par le dialogue, répondent par la violence », expliquant que « c'est grâce à la liberté d'expression que l'islam se défend, que moi-même je peux à tout moment et quand je veux exposer mon message »[1]. De même, la liberté de la presse a été défendue à cette occasion par « Le Manifeste des libertés », association laïque regroupant des personnes « de culture musulmane », dont la déclaration de son porte-parole, Tewfik Allal, a été publiée par l'hebdomadaire *Charlie Hebdo*. L'association « Histoire de mémoires », qui agit pour l'étude et la promotion de l'immigration maghrébine en France, a initié un « Appel des musulmans, agnostiques et athées de culture musulmane et de ceux qui les soutiennent pour la liberté de la presse ». Enfin, l'association laïque « Ailleurs ou ici, mais ensemble », qui regroupe des non-croyants et des musulmans réformateurs, s'est jointe à cet appel, par la voix de sa présidente, Samia Labidi.

## Le déclin des libertés ?

La relation que les Européens entretiennent avec l'immigration est entrée dans une nouvelle phase. Désormais, pour certains d'entre eux, la question se pose de savoir si elle n'amène pas leur société à modifier non seulement les manières de vivre, mais aussi les

1. LCP-Assemblée nationale, 12 février 2006.

principes sur lesquels celles-ci se fondaient jusque-là. C'est ce que montre l'adoption de dispositions à caractère multiculturaliste. Mais c'est aussi parfois ce qu'entraînent, comme effet paradoxal, les dispositions visant au contraire à contenir le multiculturalisme. En tentant de limiter l'intensité d'une différence, les Européens se placent parfois en situation non pas de renforcer ou de préserver le corpus de valeurs dans lequel ils se reconnaissent, mais au contraire de l'altérer. Tout se passe comme s'ils devenaient différents à force de vouloir rester eux-mêmes. La loi française du 11 octobre 2010 interdisant le port de la burqa dans l'espace public offre un excellent exemple de cet étrange mécanisme. Motivée par la volonté de combattre une forme de multiculturalisme, mais votée officiellement au nom de l'égalité entre les hommes et les femmes par une Assemblée nationale composée d'hommes à plus de 80 %, la loi n'assure qu'en apparence le triomphe du modèle politique français, laïque et républicain. En effet, le texte est adopté au prix d'une atteinte significative aux principes de la liberté individuelle. En dépit de la validation de l'ensemble du texte par le Conseil constitutionnel, les réserves émises par le Conseil d'Etat frappent par leur évidence et leur force. La loi viole les droits à la liberté d'expression et de religion des femmes. Le Conseil d'Etat avait prévenu que l'interdiction totale du voile intégral sur le territoire serait exposée à de « fortes incertitudes constitutionnelles et conventionnelles » et qu'une telle mesure ne s'appuierait sur « aucun fondement juridique incontestable », heurtant au contraire quelques grands principes consacrés par le droit français et la jurisprudence européenne[1]. En effet, la Cour européenne des Droits de l'homme a consacré le «principe d'autonomie personnelle» selon lequel chacun peut mener sa vie selon ses convictions. Il appartient par définition à chacun d'évaluer la prise de risque encourue, physiquement ou moralement, dans le choix de telle ou telle manière de vivre. En d'autres termes, il est difficile d'exclure par principe l'hypothèse selon laquelle certaines femmes pourraient porter la burqa volontairement. Or, lorsqu'il y a consentement, il est plus difficile d'invoquer la dignité de la femme pour fonder une interdiction générale. C'est une atteinte à la liberté. C'est pourquoi le Conseil d'Etat avait orienté le gouvernement vers des interdictions sectorisées et non une interdiction générale et de principe. Ces interdictions sectorisées pouvaient se justifier au nom de la «sécurité publique» et de la «lutte contre la fraude», renforcées par les exigences propres à certains services publics. De tels aménagements, selon le Conseil d'Etat, pouvaient être de nature à fonder des obligations de maintenir son visage à découvert, soit dans certains lieux, soit pour effectuer certaines démarches, ce qui aurait permis d'éviter la production d'une loi d'interdiction générale. Même en ne retenant que l'hypothèse de l'efficacité pratique d'une telle loi, son résultat paradoxal est, d'une part, de restreindre la liberté d'expression religieuse des femmes, ce qui contrevient à l'intention d'assurer l'éga-

1. Cf. Conseil d'Etat. Section du rapport et des études, *Etude relative aux possibilités juridiques d'interdiction du port du voile intégral*. Rapport adopté par l'assemblée générale plénière du Conseil d'Etat le jeudi 25 mars 2010.

lité entre les sexes, et d'introduire, d'autre part, une limitation des libertés individuelles ainsi qu'une police des opinions qui éloignent la France et l'Europe du modèle politique dans lequel l'une et l'autre assuraient se reconnaître.

Le contrat social au fondement des sociétés libérales européennes subit les effets de l'immigration et du multiculturalisme. On le voit encore, en 2007, lorsque Nyamko Ana Sabuni, ministre suédoise de l'Intégration et de l'Egalité entre les sexes, a préconisé l'organisation d'un examen gynécologique des petites filles afin de détecter les excisions dans le but de combattre cette pratique répandue dans une partie de la population immigrée. Or, l'instauration d'un tel examen correspond indubitablement à une intrusion de la puissance publique dans la vie intime des individus. Pour compréhensible qu'elle soit eu égard à ces louables intentions, cette procédure n'en contribue pas moins à dessiner une autre figure de l'Etat. De même, en France, le verdict de la cour d'appel de Douai dans l'affaire du mariage lillois annulé pour cause de non-virginité de l'épouse a conduit Xavier Labbée, l'avocat du marié, à remarquer qu'en « déclarant recevable l'action du parquet dans un litige de pur droit privé relatif à l'intimité du couple, la cour d'appel de Douai autorise désormais le parquet à contrôler les âmes et les consciences[1] ».

De même encore, l'utilisation du mariage pour favoriser l'immigration de coreligionnaires ou la pratique des mariages arrangés ont conduit certains pays euro-

1. *Le Monde*, 18 novembre 2008.

péens à adopter de nouvelles règles sur le mariage. Ces lois traduisent en même temps le prix à payer en termes de liberté pour les autochtones. Au Danemark, à la suite des élections de novembre 2001 et sous la pression des succès électoraux du Parti populaire danois, le gouvernement a initié une nouvelle politique d'intégration. L'immigration des réfugiés et des étrangers en provenance des pays du tiers-monde a été limitée. Le regroupement familial est devenu plus difficile. Désormais, les résidents immigrés doivent avoir au moins 25 ans pour être autorisés à faire venir au Danemark une personne de leur pays d'origine. Le regroupement familial n'est accordé qu'aux personnes disposant d'une somme de 7 000 euros déposée sur un compte bancaire, capables de subvenir aux besoins financiers du nouveau venu et bénéficiant d'un logement correct. L'obtention de la nationalité danoise est rendue plus difficile. La loi fixe à 24 ans, pour tous les Danois sans exception, l'âge minimum du mariage avec un conjoint étranger souhaitant venir s'installer dans le pays. Le conjoint doit prouver que ses liens avec le Danemark sont plus forts que ceux avec son pays d'origine. La loi danoise sur les mariages a au moins le mérite de l'efficacité puisqu'elle a atteint son but. En 2002, les Danois originaires d'un pays extra-européen qui se mariaient épousaient un conjoint étranger dans 63 % des cas. En 2005, cette proportion est tombée à 38 %[1]. Autrement dit, depuis la réforme de 2002, les Danois d'origine immigrée qui se marient tendent à le faire de plus en plus souvent avec des

1. C. Caldwell, *op. cit.*, p. 188.

Danois. On peut imaginer que ces mariages se font pour partie entre Danois d'origine immigrée, mais ces nouvelles dispositions favorisent des unions avec un niveau d'intégration beaucoup plus élevé qu'antérieurement. De même aux Pays-Bas où, depuis 2004, des examens civiques sont obligatoires ainsi que des tests linguistiques pour toute personne étrangère souhaitant épouser un ressortissant hollandais. En outre, des études ayant montré que la possibilité d'un mariage arrangé est d'autant plus élevée que l'âge de la mariée est plus bas, dans le cas d'un projet de mariage concernant un non-ressortissant de l'Union européenne, l'âge minimum de 22 ans est requis pour chacun des époux. Sans aller aussi loin, l'Allemagne a adopté en 2007 un système approchant, qui fixe notamment un âge minimum de 18 ans pour pouvoir épouser un conjoint né à l'étranger. Il reste que ces réformes législatives destinées à lutter contre les mariages de complaisance concernent tous les nationaux et constituent indubitablement à la fois une extension du rôle de l'Etat et un recul des libertés individuelles.

## Du melting-pot au boiling-pot

L'idée que l'immigration musulmane est en mesure de constituer une menace sur les libertés est devenue l'un des nouveaux moteurs du discours d'hostilité à l'islam et aux immigrés. Ce ne sont pas les mêmes mots, pas les mêmes arguments que l'on va entendre. Ce ne sont pas les mêmes leaders qui prennent la parole. Ce ne sont pas des partis de gouvernement, ni des responsables issus de ces partis, ni même des intellectuels médiatiques ou particulièrement reconnus, mais des personnalités périphériques. Ce ne sont pas les mêmes publics qui les écoutent. Il est frappant d'observer le succès de quelques livres critiquant violemment l'islam ou l'immigration, depuis celui de l'Italienne Oriana Fallaci jusqu'à celui de l'Allemand Thilo Sarrazin.

Oriana Fallaci était une essayiste et journaliste qui, très jeune, s'était engagée dans la Résistance italienne. Laïque et de gauche, la critique de l'islam l'amène peu à peu à glisser vers la droite catholique. Les attentats du 11 septembre 2001 accélèrent ce processus. Elle publie un article dans le *Corriere della Sera*, intitulé « La rabbia e l'orgoglio », publié en français sous le titre *La Rage et l'Orgueil*[1]. Elle y annonce la destruction de la civilisation occidentale par l'islam qu'elle décrit comme l'ennemi des libertés individuelles, hostile à l'égalité entre les hommes et les femmes et de tendance antisémite. Son livre, soutenant une comparaison de l'islam avec le nazisme et le fascisme, mais truffé de considérations à caractère raciste, rencontrera un succès considérable, avec, semble-t-il, plus d'un million d'exemplaires vendus. Ce livre opère un retournement d'argumentation qui jouera un rôle précis dans la métamorphose en formations populistes des partis d'extrême droite. En effet, jusque-là les populistes xénophobes étaient régulièrement accusés de nourrir des projets de type fasciste. Souvent leurs chefs et une partie de leurs

1. Plon, en 2002.

troupes étaient d'ailleurs issus des familles politiques de l'extrême droite, comme les démocrates de Suède qui se réunissaient encore en uniforme nazi au début des années 90. En établissant systématiquement un parallèle entre l'islam et le fascisme ou entre l'islam et le nazisme, au point de parler de « fascislamisme » et de « nazislamisme », dans la droite ligne de Fallaci, les chefs populistes vont pouvoir investir eux-mêmes, par voie de conséquence, la posture du résistant, comme a pu le faire Marine Le Pen, en décembre 2010. Tous les partis d'extrême droite européens qui se convertissent au populisme retournent ainsi les figures rhétoriques et normatives qui ont contribué à l'organisation de la vie politique de l'après-guerre.

De même, en Allemagne, en août 2010, un membre du conseil d'administration de la Bundesbank, Thilo Sarrazin, par ailleurs membre du Parti social-démocrate, a publié un essai fracassant sous le titre *Deutschland schafft sich ab* (L'Allemagne court à sa perte)[1]. Dans son livre, il dénonce les effets dévastateurs de l'immigration sur les Allemands et la société allemande, reprochant aux immigrés turcs et arabes de mettre en péril le modèle allemand, de ne pas s'intégrer et, loin d'adopter les us et coutumes de leur pays d'accueil, de constituer une société parallèle, de peser beaucoup plus que les Allemands ou que les immigrés d'origine européenne sur le système de solidarité et sur l'assurance chômage, mais aussi de provoquer une baisse tendancielle du niveau intellectuel général, dans

1. Aux éditions DVA, à Munich.

les écoles ou dans l'ensemble de la société. Il critique également l'importance des moyens publics mobilisés par les autorités fédérales et locales pour favoriser l'intégration des immigrés, et avec d'autant plus de force que le résultat est pour lui un échec. Sarrazin critique sévèrement les élites intellectuelles et médiatiques, en particulier de gauche, accusées d'avoir rendu impossible le débat sur l'immigration et l'intégration, au nom d'un universalisme naïf et d'un esprit de tolérance qu'il juge à sens unique. Thilo Sarrazin mobilise enfin une série d'arguments à caractère biologique pour rendre compte de l'impossible adaptation des immigrés arabes et turcs à la société allemande. Cette perspective a suscité dans ce pays un véritable tollé.

Fait particulièrement marquant et pourtant peu relevé, Sarrazin n'a pas été véritablement ostracisé. Une bonne partie de la presse allemande a, sinon pris la défense de ses thèses, du moins soutenu une démarche jugée courageuse et utile. L'hebdomadaire *Der Spiegel* a vu en lui un « Héros du peuple ». *Focus* l'a qualifié de « briseur de tabou ». *Bild* présente l'affaire sous l'angle de la liberté d'expression, tout comme le *Frankfurter Allgemeine Zeitung*, ou encore le magazine *Stern*. Sarrazin a de plus reçu le soutien de la sociologue d'origine turque Necla Kelek, qui a dénoncé elle-même les violences dont les femmes sont victimes dans la communauté turque et qui se trouve, pour cela, désormais contrainte de vivre sous protection policière : « Thilo Sarrazin nous oblige, nous musulmans, à réfléchir à notre rôle en Allemagne. Il est ridicule de l'accuser de racisme », a-t-elle affirmé, considérant Sarrazin comme un « citoyen responsable qui énonce des vérités amères »[1]. En février 2011, le Parti social-démocrate, le SPD, n'a toujours pas pris la décision d'exclure Sarrazin, le président de ce parti, Sigmar Gabriel, reconnaissant avoir reçu de la part de ses adhérents un très important courrier exprimant une vive opposition à l'exclusion de Sarrazin. Selon le quotidien de gauche *Die Tageszeitung*, très opposé à Thilo Sarrazin, le succès de son livre – plus de 1 250 000 exemplaires vendus à la fin de l'année 2010 – s'explique par l'adhésion à ses thèses des classes moyennes gagnées par l'insécurité.

Là comme ailleurs le possible basculement des catégories intermédiaires est le signe d'un changement d'échelle et d'un nouveau rapport de forces électoral, deux ans après que le Premier ministre turc Erdogan se fut adressé à la communauté turque de Cologne, le 11 février 2008, pour mettre en garde ses compatriotes d'Allemagne contre l'assimilation : « Personne ne peut exiger [des Turcs] l'assimilation », qui est un « crime contre l'Humanité » parce qu'elle revient à « obliger une personne à abandonner sa culture et ses traditions ». Ce discours a déclenché une vive polémique en Allemagne. Le 9 octobre 2010, le Premier ministre turc a pris soin de souligner la différence entre assimilation et intégration. Quelques jours plus tard, le 16 octobre, le président turc Abdullah Gül déclarait dans une interview : « Quand on ne parle pas la langue du pays où l'on vit, cela ne sert personne : ni l'intéressé, ni le pays, ni la société [...]. C'est pourquoi, je le dis à chaque occasion,

1. *Le Figaro*, 30 août 2010.

ils [les Turcs vivant en Allemagne] doivent apprendre l'allemand, et le parler couramment et sans accent. Cela doit commencer au jardin d'enfants[1]. »

De leur côté, les Italiens ont aussi vécu les affres de la société multiculturelle au travers de faits divers spectaculaires, évoquant irrésistiblement l'avènement de conflits interethniques. Ainsi, les 7 et 8 janvier 2010 à Rosarno, en Calabre, des émeutes ont opposé aux habitants italiens des travailleurs journaliers africains employés à la récolte des agrumes. L'affaire a commencé par des tirs à la carabine à air comprimé sur des immigrés, déclenchant de leur part une action de rétorsion. Plusieurs centaines d'étrangers, en majorité des Africains illégalement employés, sont alors descendus dans les rues de Rosarno, cassant tout sur leur passage et malmenant au moins une jeune femme et ses enfants – la presse a beaucoup commenté ce point précis. La police a su rétablir l'ordre, mais le lendemain des habitants de Rosarno ont décidé de se venger, procédant à une véritable chasse à l'étranger qui a fait de nombreux blessés. Laura Boldrini, porte-parole du haut-commissariat aux réfugiés en Italie, raconte alors à l'AFP avoir été « informée que des hommes armés de bâtons ont mis le feu à une habitation. Heureusement, les immigrés qui y vivaient ont pu s'enfuir[2] ». Ailleurs, les habitants de Rosarno ont érigé un barrage pour empêcher « les Noirs » de passer. Le ministre de l'Intérieur, membre de

1. Interview donnée au quotidien *Süddeutsche Zeitung*, 16 octobre 2010.

2. Anne-Sophie Legge, AFP, le 09/01/2010.

la Ligue du Nord, Roberto Maroni, et le président du Conseil, Silvio Berlusconi, ont dénoncé la responsabilité de « l'immigration clandestine » dans ces affrontements.

A Milan, les 13 et 14 février 2010, des émeutes interethniques ont opposé entre eux des centaines de jeunes Nord-Africains et Sud-Américains après le meurtre d'un Egyptien attribué à des Péruviens et à des Equatoriens. Le journal *Le Monde* rapporte les propos du maire-adjoint de Milan, Riccardo De Corato, qui voit dans le quartier un « Far West entre bandes nord-africaines et sud-américaines », tandis qu'un patron de bar dénonce « un climat de haine raciale », et qu'un résident interrogé déplore que « ce n'est pas une vie. Il y a sans cesse du trafic de drogue, toute la journée, et les quelques Italiens qui restent se planquent chez eux ». Un représentant gouvernemental de la Ligue du Nord, Roberto Calderoli, considère que ces émeutes confirment que « nous payons pour une idéologie erronée du passé, la politique des portes ouvertes pour tous[1] ».

L'échec de l'intégration est également constaté par l'importance, semble-t-il croissante, d'un phénomène de *white flight* à l'échelle de la nation. Cette fois, ce ne sont plus les Blancs des classes moyennes qui quittent un quartier pour un autre, mais les Blancs des classes supérieures qui quittent leur pays pour un autre. Phénomène que l'on observe notamment en Grande-Bretagne et aux Pays-Bas. Dans son essai *Reflections on the Revolution in Europe. Can Europe be the same*

1. *Le Monde*, avec AFP, le 14/02/2010.

*with different people in it?*, le journaliste Christopher Caldwell rapporte qu'aux Pays-Bas, dans les jours qui ont suivi l'assassinat de Theo Van Gogh, en 2004, on a pu noter un afflux spectaculaire de connexions sur les sites des compagnies spécialisées dans l'émigration des Hollandais, tandis que les ambassades du Canada, de la Nouvelle-Zélande et d'Australie ont déclaré avoir été inondées par les demandes de renseignements[1]. En 2004, les Pays-Bas ont d'ailleurs enregistré un solde migratoire négatif (le nombre des sorties a été supérieur au nombre d'entrées). Frits Bolkestein, l'ancien commissaire européen hollandais, est aux Pays-Bas l'un des initiateurs du débat sur l'échec du multiculturalisme. En décembre 2010, il a créé dans son pays une vive polémique en publiant un livre consacré au judaïsme dans lequel il encourage ceux qu'il nomme les «juifs conscients», et qu'il définit ailleurs comme «les juifs orthodoxes»[2], à quitter le pays avant d'être victimes de l'antisémitisme des jeunes Hollandais d'origine marocaine. Il écrit : «Les juifs conscients doivent réaliser qu'il n'y a plus d'avenir pour eux aux Pays-Bas.» Il les encourage à émigrer vers les Etats-Unis ou Israël. L'ancien assistant parlementaire de Bolkestein est Geert Wilders, le fondateur du Parti pour la liberté, héritier du populisme libéral lancé par Pim Fortuyn.

En Angleterre, on peut citer le livre de George Walden, *Time to Emigrate?*, publié en 2006 et rédigé sous la forme d'une longue lettre adressée à son fils.

1. Christopher Caldwell, *op. cit.*, p. 50.
2. Entretien avec le quotidien *De Pers*, 6 décembre 2010.

George Walden est un ancien député du Parti conservateur, chroniqueur régulier du *Times Literary Supplement*. Le texte de Walden se veut une réponse à la question de savoir s'il faut oui ou non émigrer, comme le font chaque année de très nombreux Britanniques, dans un phénomène de *white flight* qui passe de l'échelle du quartier ou de la ville à celle d'une nation. Le propos du livre glisse rapidement vers une évaluation critique et pessimiste de la Grande-Bretagne sur un ton « décliniste ». C'est dans ce contexte que l'auteur prend pour cible l'immigration. Walden instruit d'ailleurs le procès de l'immigration et non celui des immigrés. En effet, à la différence de Fallaci ou Sarrazin, Walden ne se laisse jamais aller à des énoncés de type raciste. Sa critique porte sur les effets culturels et sociaux à long terme que l'immigration massive est susceptible de produire sur une île comme la Grande-Bretagne, sur le niveau scolaire, sur l'Etat providence en général et sur le système de santé en particulier, ainsi que sur la sécurité. Il reproche vivement aux responsables politiques de maintenir des flux d'entrées importants. Comme Fallaci et Sarrazin, il reproche sévèrement aux élites d'avoir rendu impossible tout débat sur l'immigration. Il compare la situation sur ce point à un éléphant présent dans le salon d'une maison mais que chacun ferait semblant de ne pas remarquer, manière de souligner à quel point le politiquement correct a fini par étouffer toute discussion sérieuse sur ces sujets.

## 21 AVRIL 1968 : DÉBUT ET FIN DU DÉBAT SUR L'IMMIGRATION

Le cas du député conservateur britannique Enoch Powell fournit une illustration parfaite de la manière dont ce débat n'a pu avoir lieu. Enoch Powell est mort en 1998, à l'âge de 86 ans, mais c'est trente ans plus tôt qu'il connut les devants de la scène politique britannique. Le 20 avril 1968, il prononçait à Birmingham le discours qui allait le rendre célèbre et, en même temps, provoquer l'effondrement de sa carrière politique. Ce discours a été intitulé par les commentateurs « le discours des fleuves de sang », en raison de la citation de Virgile qui était rapportée en conclusion : « Je contemple l'avenir et je suis rempli d'effroi. Comme les Romains, "je vois le Tibre écumant de sang"[1]. » L'effroi d'Enoch Powell était suscité par ce qu'il considérait alors comme le début d'une immigration qu'il jugeait à la fois massive et culturellement trop différente de la société britannique pour être assimilée. Powell voyait comme conséquences l'avènement de guerres ethniques qui allaient ensanglanter son pays et le réduire en cendres. Il est devenu l'un des premiers contempteurs de la société communautariste.

Powell n'était pourtant pas un extrémiste. Il a commencé une carrière de spécialiste de latin et de grec

1. On trouve l'intégralité des discours d'Enoch Powell sur le site : http ://www.enochpowell.net/speeches.html Tous les extraits cités ici en sont tirés. La traduction est personnelle.

classiques, matières qu'il enseigna en tant que professeur à l'Université, publiant des travaux académiques, et notamment des éditions critiques de Thucydide, pour le compte des presses universitaires d'Oxford. Il a suivi des cours d'ourdou à la School of Oriental Studies, aujourd'hui School of Oriental and African Studies, de l'université de Londres. Il a vécu quatre ans en Inde dont il disait admirer la culture. Considéré intelligent, subtil et expérimenté, il a défendu des opinions conservatrices modérées et a proclamé, par exemple, son hostilité à la peine de mort. Economiquement, il était libéral. Il a été député du Parti conservateur de 1950 à 1974, à Wolverhampton, dans le West Midlands.

En 1968, le discours dit « des fleuves de sang » prend place dans un contexte et même dans une actualité dominée par les confrontations interethniques. Powell lui-même rentre d'un voyage aux Etats-Unis où il a pu assister, comme témoin, à des scènes urbaines particulièrement violentes, notamment à Chicago et à Detroit, alors pris dans la tourmente d'émeutes et d'affrontements raciaux. De plus, le 4 avril 1968, deux semaines avant le discours de Powell, Martin Luther King a été assassiné, victime d'un militant blanc raciste. Mais le contexte américain n'est cependant pas la raison principale qui conduit Powell à faire du multiculturalisme et du communautarisme la cible principale de son discours. Outre l'exemple américain des affrontements entre communautés raciales, il est préoccupé par l'évolution de la société britannique où il devine des possibilités d'opposition comparables entre des communautés issues de l'immigration et les populations accueillantes.

Son propos s'oppose frontalement à la politique menée par les travaillistes, notamment par le ministre de l'Intérieur Roy Jenkins, qui prônait que les immigrants devaient avoir la possibilité de conserver leur propre mode de vie, ce qui revenait à introduire le modèle multiculturaliste. Le *Race Relations Act* que le Parti travailliste fait adopter met l'immigré au centre, prenant sa défense, en punissant plus sévèrement le refus d'accorder un emploi, un appartement ou un service public à une personne en raison de sa couleur, de sa race, de ses origines ethniques ou nationales, et en créant en même temps une institution par nature multiculturaliste, une *Community Relations Commission*, chargée de promouvoir les relations harmonieuses «entre les communautés». Si Powell s'inscrit clairement dans la fidélité au principe d'une égalité entre tous les citoyens, comme il prend la peine de le dire dans son discours, il veut se placer du point de vue non pas des immigrés, mais des nationaux.

Dans son discours, Powell évoque des centaines de témoignages crédibles, circonstanciés et mesurés qu'il aurait reçus. Il en cite deux, particulièrement spectaculaires, provenant de citoyens britanniques confrontés, pour l'un, aux difficultés de cohabitation et, pour l'autre, beaucoup plus dramatiques encore, aux pressions, au harcèlement, aux insultes et jusqu'aux menaces physiques de la part de familles immigrées venues du Commonwealth et devenues majoritaires dans son quartier. Les deux témoignages qu'il évoque ont ceci de commun qu'ils mettent en scène un monde où les Blancs sont inquiets face à l'augmentation croissante du nombre des Noirs. Le dernier témoignage est particulièrement de nature à frapper les esprits puisqu'il met en scène une femme blanche à la retraite, veuve, ayant perdu ses fils lors de la Seconde Guerre mondiale et devenue l'unique représentante de la société britannique traditionnelle dans un quartier entièrement peuplé d'immigrés.

Le discours de Powell est à l'évidence construit, consciemment ou pas, sur une opposition franche et nette entre les Blancs et les Noirs. Ce n'est pas de sa part une importation pure et simple de la vision raciale américaine. Même s'il reconnaît avoir été marqué par ce qu'il a vu aux Etats-Unis, Powell explique dans son discours la différence entre les Noirs américains, qui étaient présents avant la naissance officielle de la nation américaine, et les Noirs britanniques, populations immigrées issues des pays du Commonwealth et arrivées très récemment dans un pays de très longue histoire. Powell est un homme politique inquiet jusqu'à l'angoisse, redoutant une intensification des confrontations entre les différentes communautés qu'il voit se constituer.

Peu de temps auparavant, une grève est déclenchée par des chauffeurs de bus sikhs qui se plaignent du fait que le port de l'uniforme, adopté en 1921 par les compagnies de transport, les empêche de respecter leurs rites, notamment le port de la barbe et du turban. Les manifestants défilent dans les rues, brandissant des calicots qui affirment : « L'interdiction de la barbe et du turban est une attaque directe contre la religion sikh. » Après les menaces proférées par un manifestant assurant vouloir s'immoler par le feu en cas de refus d'un aménagement de cette règle, les compagnies de transport ont décidé d'accepter les revendications des chauffeurs sikhs. Dans son discours, Powell dénonce cette évolution : « La campagne menée par la communauté sikh pour maintenir des coutumes inappropriées en Grande-Bretagne est plus que regrettable. Travaillant en Grande-Bretagne, particulièrement dans les services publics, ils doivent être préparés à accepter les termes et les conditions de leur emploi. Revendiquer des droits spécifiques – faut-il parler de droit ou faut-il parler de rites? – conduit à une dangereuse fragmentation de la société. »

Powell a été impressionné par des projections statistiques que l'Institut national chargé des études démographiques avait communiquées au Parlement. Il les utilise en les citant dans son discours. Elles indiquaient alors, en 1968, que, considérant les tendances du moment, il y aurait en Grande-Bretagne d'ici quinze à vingt ans 3,5 millions d'immigrés issus du Commonwealth. Les chiffres repris par Powell n'étaient ni outranciers ni farfelus, ces projections furent d'ailleurs précisément confirmées par la réalité. Powell ajoutait, en prenant soin d'être prudent, qu'il n'existait pas de projections aussi précises pour l'année 2000 mais qu'il y avait de bonnes raisons de penser que le nombre d'immigrés en Grande-Bretagne atteindrait 5 à 7 millions. Cette hypothèse fut également vérifiée. Powell ne manie pas de données fantaisistes ni ne choisit la stratégie de l'outrance qui caractérise les entrepreneurs en populisme. Il ne rejette nullement l'immigration par principe mais insiste sur le problème des quantités et des proportions : « Gardons présent à l'esprit que les nombres sont le cœur du problème : la signification et les conséquences d'un élément étranger introduit dans un pays ou une population diffèrent profondément selon que cet élément représente 1 % ou 10 % de l'ensemble. » Ce sont pourtant les passages dans lesquels Powell met l'accent sur les quantités qui scelleront le sort de ce discours. Prenant l'exemple de sa propre circonscription, il déclarait : « Il est à peine concevable qu'en ce moment même, 20 à 30 enfants immigrés supplémentaires arrivent chaque semaine de l'étranger rien qu'à Wolverhampton. »

Frontalement opposé au *Race Relations Act*, il y voit un dispositif susceptible d'attiser les contentieux naissants entre les Britanniques et les immigrés. Il conteste la nécessité d'une telle loi contre les discriminations dans laquelle il voit au contraire la cause possible d'un accroissement des tensions entre les immigrés et le reste de la société britannique, d'abord parce que l'égalité de tous devant la loi est, selon lui, déjà contenue dans le pacte politique qui sous-tend la société britannique et n'appelle donc nulle législation supplémentaire ; ensuite, et en conséquence, parce qu'une législation spécifique est ou bien redondante, donc inutile, ou bien la marque d'une loi spécifique à une communauté et donc nuisible à la nation britannique comme ensemble homogène. De ce point de vue, la critique adressée par Powell aux promoteurs du *Race Relations Act* est particulièrement virulente : « Il ne peut pas y avoir de plus grossière méconnaissance de la réalité que celle contenue dans la vision qui anime tous ceux qui réclament avec tant de véhémence une législation qu'ils prétendent dresser "contre la discrimination", et parmi lesquels on trouve nos plus fameux intellectuels, qui sont d'ailleurs issus du même moule et vont jusqu'à écrire dans les mêmes journaux qui, dans les années 1930, jour après jour, ont tenté d'aveugler le pays face au péril croissant qui le menaçait, ou encore nos évêques dans leurs palais, vivant dans le luxe, la tête cachée sous les draps » ; enfin, Powell soutient que si une telle loi devait exister, il faudrait en inverser le mécanisme de fonctionnement : « Le sentiment de discrimination, de dépossession, d'inquiétude et de rancœur, ce ne sont pas les immigrés qui le ressentent, mais bien ceux qui les accueillent et continuent à le faire », ajoutant plus loin sur un ton dramatique : « Nous devons être fous, en tant que nation, littéralement fous, pour permettre chaque année l'arrivée de 50 000 personnes à charge, et qui seront à l'origine du futur accroissement de la population d'origine immigrée. J'ai l'impression de regarder une nation occupée à dresser son propre bûcher. »

Powell est certainement l'un des premiers politiques européens à poser le problème de l'immigration dans des termes objectifs – qui ne seront pas acceptés cependant. Ce n'est pas un populiste, et s'il ne cesse de montrer sa préoccupation pour les ouvriers, les travailleurs, les retraités, les mères de famille dont il veut porter les inquiétudes et les colères, c'est au nom d'une conception très classique de la mission qui incombe à un représentant élu. Il est probable qu'Enoch Powell ait flairé une opportunité politique, un thème capable de le propulser à la tête du Parti conservateur, puisqu'il était considéré comme un possible prétendant. Son discours du 20 avril 1968 a pu être pensé comme le point de départ d'une opération ambitieuse de médiatisation et de surenchère dans le cadre d'une compétition interne avec Edward Heath. De ce point de vue, c'est un échec. La médiatisation est considérable, on ne parle que de lui pendant plusieurs semaines, pourtant ce discours constituera pour lui non pas le point de départ d'une carrière gouvernementale, mais le point d'arrêt de sa carrière politique. Powell est accusé de racisme.

On cite souvent et presque seulement cet extrait où il semble dire « dans ce pays, d'ici quinze à vingt ans, les Noirs auront la haute main sur les Blancs ». Aujourd'hui encore, le lecteur pressé croira aisément que ces mots sont de Powell lui-même. Or, s'ils figurent bien dans le texte de son discours, s'il est en effet possible de l'entendre les prononcer, sur la vidéo filmée par la BBC, ce ne sont cependant pas ses mots à lui, mais ceux qu'il prête explicitement dans son discours à cet électeur qu'il a rencontré et dont il rapporte, au début de son discours, l'échange : « Il y a une ou deux semaines, j'ai rencontré l'un des électeurs de ma circonscription avec lequel j'ai engagé une discussion. C'était un homme simple, d'âge moyen, un ouvrier travaillant dans l'une de nos industries nationalisées. Après une phrase ou deux à propos du temps qu'il faisait, il dit soudainement : “Si j'avais assez d'argent pour partir, je ne resterais pas dans ce pays.” J'opposai quelques tentatives de réponse, expliquant que le gouvernement en place n'était pas là pour toujours, mais il n'y accorda aucune importance, poursuivant : “J'ai trois enfants, tous sont allés au lycée et deux d'entre eux sont mariés et ont désormais une famille ; eh bien, je ne serai pas satisfait tant que je ne les aurai pas tous vus s'installer à l'étranger. Dans ce pays, d'ici quinze ou vingt ans, les Noirs auront la haute main sur les Blancs." »

On le voit, il ne s'agit donc pas des mots d'Enoch Powell lui-même, mais des propos tenus par l'un de ses concitoyens et que lui-même a rapportés. La différence est de taille, même si l'on songe que le discours rapporté est une technique rhétorique permettant de dire ce qui est malaisé à exprimer en son nom propre. Pourtant, il avait, semble-t-il, parfaitement anticipé les réactions qu'allait déclencher le simple fait de rapporter de tels propos : « J'entends déjà le chœur des réprobations. Comment puis-je dire une chose aussi horrible ? Comment puis-je ainsi semer la discorde et déchaîner les passions en relatant une telle conversation ? Ma réponse est que je n'ai pas le droit de ne pas le faire. »

En effet, l'extrait sera aisément et immédiatement retiré de son contexte, laissant penser que la phrase était celle d'Enoch Powell, produisant un effet dévastateur. Le *Times* du 22 avril qualifiera son discours de « diabolique », assurant y voir « la première fois depuis la Seconde Guerre mondiale qu'un politicien important en appelle à la haine raciale d'une manière aussi directe », tandis que *The Sunday Times* l'accusait purement et simplement de racisme. Powell développe pourtant dans ce même discours une proposition fondée sur une combinaison de l'arrêt immédiat de toute immigration avec une politique du retour encouragée par une « aide généreuse ». En conclusion de son discours, il mettait une dernière fois en garde contre le risque de voir se propager en Grande-Bretagne les émeutes que les Etats-Unis étaient en train de vivre : « Seule une action résolue et urgente permettra de l'éviter. Quant à savoir si la volonté du public demandera et obtiendra une telle action, je l'ignore. La seule chose que je sais est que le voir et ne pas en parler serait la plus grande des trahisons. »

Le discours de Powell fera la « une » des journaux. Les condamnations afflueront de tous les milieux politiques, et beaucoup viendront de son propre parti, où l'on verra dans cette prise de parole un faux pas majeur et aussi une bonne occasion d'éliminer un concurrent très actif. Le lendemain, le 21 avril, Heath limogeait Powell de son poste de ministre de la Défense du *Shadow Cabinet*. La presse fut cruelle pour lui. Les Beatles prendront la peine d'écrire contre lui l'une de leurs plus célèbres chansons (« *Get Back* »), citant cinq fois son nom, en le gratifiant, au passage, d'un « *dirty Enoch Powell* ».

Phénomène significatif mais peu relevé, l'opinion lui était largement favorable, au point que Powell devint très populaire. Il reçut plusieurs dizaines de milliers de lettres de soutien – il en revendiqua 120 000 –, les dockers organisèrent une manifestation de soutien devant la Chambre des communes alors que l'on y débattait du *Race Relations Act*, une grande pétition de soutien fut remise au Parlement ; enfin, une enquête d'opinion conduite par l'institut Gallup montrait que 74 % des personnes interrogées disaient être d'accord avec son discours, ce qui n'a pas dû surprendre Powell qui était persuadé d'être plus en phase que tous ses adversaires avec le sentiment profond de ses concitoyens. Il voyait dans l'immigration un changement d'une importance sans précédent dans toute l'histoire de l'Angleterre. Il prenait alors en charge un thème politique que les partis de gouvernement en Europe refuseront de considérer, par incapacité, par lâcheté ou pour de très louables intentions mais toujours avec de piètres résultats, si l'on veut bien admettre que ce thème sera laissé en monopole à des partis protestataires qui en feront le plus mauvais usage mais pour leur plus grand profit.

Par les effets de l'immigration, invisibles au début puis rendus de plus en plus manifestes par le vieillissement, l'Europe se transforme lentement en une société multiculturelle. Or, le multiculturalisme n'a pas été anticipé tandis que les responsables politiques, intellectuels et médiatiques du débat public n'ont pas su donner une place légitime à la question quand elle commençait à poindre, dès la fin des années 60 et le début des années 70. Conséquemment, non seulement le multiculturalisme n'a pas été voulu mais, plus encore, il n'a pas été prévu. Il n'a été ni pensé ni organisé. Il est apparu aux Européens comme une réalité imposée et irréversible. Le multiculturalisme constitue un bouleversement politique majeur opéré en Europe sans débat, sans préparation, ni même explication ou information.

# 3

# La percée du populisme patrimonial

Depuis le milieu des années 90, l'Europe a connu une profonde transformation politique. La disparition des partis communistes, l'affaiblissement des partis sociaux-démocrates et, plus généralement, de tous les partis de gouvernement se sont accompagnés d'une floraison des partis de type populiste. Ceux-ci sont apparus soit *ex nihilo*, soit au terme d'un processus de mutation les conduisant à passer de l'extrême droite classique et marginale au populisme attrape-tout d'aujourd'hui. Pour toutes ces formations politiques, organisées tantôt en partis, tantôt en mouvements, les années 2000 sont celles des premiers succès électoraux, au plan national, européen et local.

## Le rejet de l'Europe

Leur point commun est un rejet virulent de l'Union européenne. Tous les populistes ont prospéré contre elle, et en particulier pendant les campagnes référendaires auxquelles ils doivent une part importante de leur notoriété et de leur succès, aidés par la force et la limpidité de leur message : non à l'Union européenne, non à l'adoption d'un nouveau traité, non à l'euro, non à l'élargissement et, bien sûr, non à la Turquie. Les référendums nationaux sur les questions européennes ont favorisé puis amplifié le succès des populistes. Ce d'autant plus que la controverse à propos de l'Europe offre en général le spectacle d'une scène politique sommairement divisée avec, d'un côté, le camp favorable à l'Union, réunissant tous les partis de gouvernement malgré le clivage gauche/droite; et, de l'autre côté, les partis populistes qui ont beau jeu alors de dénoncer et de railler la fausse concurrence entre la droite et la gauche sans toujours remarquer que chez les adversaires de l'Europe aussi, droite et gauche sont confondues, comme on va le voir plus loin. Au Danemark, le populisme s'est organisé autour du rejet de l'Europe, dès 1992. Le traité de Maastricht est repoussé par une courte majorité (50,7 %). Les débats sur l'indépendance du pays et son identité nationale ne cesseront plus. Certes, la renégociation du traité permettra son adoption par un autre référendum, en mai 1993, et avec une majorité plus nette (56,7 %), mais les Danois refuseront l'euro en septembre 2000 (53,2 %). Les deux arguments qui ont pesé le plus lourd contre l'adoption de la monnaie unique ont été la crainte de perdre l'identité nationale par une dissolution dans un ordre fédéral européen et la crainte d'une mise en cause du modèle social par les politiques européennes de dérégulation. Avec les mêmes craintes, les Suédois repousseront également l'euro, en septembre 2003 (56,1 %).

En France, le camp du « non » a frôlé la majorité dès septembre 1992 (49,2 %), lors du référendum sur le traité de Maastricht, pour la dépasser largement le 29 mai 2005 (54,6 %), lors du référendum sur le Traité constitutionnel européen. En 1992 comme en 2005, si le camp du rejet n'a pas rassemblé que des populistes, il a cependant réuni toutes les formations populistes : le Parti communiste français (PCF), les trois formations trotskistes du moment – Lutte ouvrière (LO), la Ligue communiste révolutionnaire (LCR) et le Parti des travailleurs (PT) – et les deux partis d'extrême droite, le Front national (FN) de Jean-Marie Le Pen et le Mouvement national républicain (MNR) de Bruno Mégret[1]. Avec les trois partis d'extrême gauche et les deux partis d'extrême droite qui existent alors, le camp du « non » rassemble toutes les formations protestataires françaises. Pas un des partis politiques qui le composent n'est favorable à l'Union européenne ni ne l'a été un jour. A leurs côtés, on trouve les souverainistes, réunis autour de Jean-Pierre Chevènement, qui avait voté l'Acte unique en 1987, au sein du Mouvement républicain et citoyen (MRC), autour de Charles Pasqua, et du Rassemblement du peuple français (RPF) ou de Philippe de Villiers et du Mouvement pour la France (MPF). La même année, en 2005, aux Pays-Bas, le camp du « non » rassemblait une coalition de protestataires comprenant l'extrême gauche, avec le Parti socialiste (SP), les popu-

1. Marc Lazar, « Du populisme à gauche : les cas français et italien », in Jean-Pierre Rioux (dir.), *Les Populismes*, Paris, Perrin, 2007, p. 205-219.

listes de la Liste Pim Fortuyn et du Groupe Geert Wilders, l'extrême droite du *Leefbaar*, en passant par les formations religieuses comme le Parti politique réformé (SGP) et l'Union chrétienne (*Christen Unie*)[1].

## Une vision xénophobe

Ce n'est pas faire insulte aux électeurs qui ont refusé l'Europe au cours des derniers référendums de montrer que la xénophobie et le populisme ont contribué de manière déterminante à la victoire du « non ». Tous les électeurs du « non » ne sont pas populistes et xénophobes, mais tous les populistes et les xénophobes ont voté « non ». L'analyse des référendums français et hollandais qui ont rejeté le Traité constitutionnel européen en 2005 le fait apparaître avec clarté. Lors de référendums portant sur l'Union, deux cas permettent d'illustrer la relation qui existe entre la force du « non » et sa nature populiste.

L'analyse du « non » français de 2005 témoignait alors de ce qu'il recélait comme promesse de succès pour les formations populistes. Une enquête postélectorale mettait en lumière le poids de l'opinion xénophobe dans la décision électorale du 29 mai[2]. La question utili-

1. Cf. la note publiée par Corinne Deloy sur le site de la Fondation Robert Schuman : « Les Néerlandais rejettent massivement la Constitution européenne » (www.robert-schuman.org/oee/pays-bas/referendum/resultats.htm).

2. Louis-Harris-*Libération*-I-télé. Enquête par sondage réalisée le 30 mai, par téléphone, auprès d'un échantillon de 1 402 personnes, représentatif de la population française âgée de 18 ans et plus, selon la méthode des quotas.

sée pour estimer ce poids est l'opinion des électeurs sur le nombre des étrangers en France. Deux réponses sont proposées au choix des personnes interrogées : « Il y a trop d'étrangers en France » ou « il n'y a pas trop d'étrangers en France ». Les réponses révèlent un clivage très net entre l'électorat du « oui » et l'électorat du « non ». Ceux qui choisissent de répondre qu'il n'y a « pas trop » d'étrangers en France ont voté « oui » à 57 %. A l'inverse, ceux qui pensent qu'il y a « trop » d'étrangers en France ont voté « non » à 67 %. Pour bien comprendre la portée de ce résultat, il faut préciser la méthode utilisée. Lorsque l'enquête mesure que 67 % des personnes jugeant qu'il y a trop d'étrangers en France ont voté « non », cela signifie que le tiers restant, qui pense la même chose, a voté « oui », ce que l'on appelle une analyse du vote en « pénétration ». Ici, on mesure le taux de pénétration du vote « oui » et du vote « non » au sein d'un ensemble de personnes qui toutes partagent l'opinion selon laquelle il y a trop d'étrangers en France. L'analyse du vote en pénétration ne nous indique donc pas quel est le poids de cette opinion parmi les électeurs qui ont voté « non » mais quel est le poids du « non » parmi les électeurs qui partagent cette opinion. Pour connaître le poids de cette opinion parmi les électeurs qui ont voté « non », il faut réaliser ce que l'on appelle une analyse en « composition ». Appliquée au scrutin du 29 mai, l'analyse en composition indique

J'ai présenté pour la première fois cette enquête d'opinion dans le livre que j'ai consacré à l'analyse de la campagne référendaire de 2005 : *Le Vertige social-nationaliste. La gauche du Non*, Paris, La Table Ronde, 2005.

que, parmi tous les électeurs qui ont voté «non», 53% pensent qu'il y a trop d'étrangers en France. Inversement, en suivant toujours la méthode de l'analyse en composition, 37% des électeurs qui ont voté «non» pensent, au contraire, qu'il n'y a pas trop d'étrangers en France, les 10% restant sont les électeurs du «non» qui n'ont pas su ou pas voulu répondre à cette question.

L'inquiétude xénophobe est bien l'une des clés du rejet du Traité constitutionnel européen : 91% des personnes se déclarant proches de l'extrême droite disent penser qu'il y a «trop d'étrangers en France», de même que 80% des électeurs proches du MPF de Philippe de Villiers et 53% des électeurs qui se déclarent proches de l'UMP. Mais cette opinion est encore partagée par la moitié (50%) des électeurs qui se disent proches de l'extrême gauche, à l'époque composée de Lutte ouvrière et de la Ligue communiste révolutionnaire, et par la moitié (49,6%) des électeurs proches des Verts. Chez les électeurs qui ne se considèrent proches d'aucun parti, cette opinion est moins répandue mais reste importante (46,4%, contre 37,4%). Dans les autres électorats, PC, PS, UDF, cette opinion est minoritaire[1].

Les réponses fournies aux questions proposées par un autre sondage complètent cette information en soulignant l'importance d'un vote de repli[2]. Le point de

1. Chez les électeurs proches du PC, 35,7% considèrent qu'il y a trop d'étrangers en France, ils sont 44,3% chez les électeurs proches du PS et 42,7% pour l'UDF; 60,8% des électeurs proches du PC sont d'un avis contraire, ainsi que 48,2% pour le parti socialiste et 52,5% pour les électeurs proches de l'UDF. *Le Vertige social-nationaliste*, *op. cit.*

2. Enquête CSA pour France 3/Radio France/*Le Parisien*/*Aujourd'hui en France*. L'enquête a été réalisée par sondage à la sortie des bureaux, en

départ est la mesure des enjeux qui ont « le plus compté » au moment de voter[1]. Une série de dix items est proposée. Les personnes interrogées peuvent bien sûr choisir plusieurs réponses si elles attribuent leur vote à plusieurs enjeux. Parmi les électeurs qui citent « l'entrée possible de la Turquie dans l'Union européenne », 79 % ont voté contre le traité[2] ; ils sont 62 % parmi eux qui citent « l'élargissement de l'Europe à 25 pays » et 58 % parmi ceux qui citent « la mondialisation ». A l'opposé, parmi les électeurs qui disent avoir pris en considération « le rôle de la France en Europe » au moment de voter, un tiers (35 %) a voté « non », contre 65 % qui ont voté « oui », tandis que, parmi les électeurs qui citent « la place de l'Europe dans le monde », 9 % ont voté « non » contre 91 % qui ont voté « oui »[3].

On retrouve cette alliance des protestataires au Danemark et en Suède ou encore aux Pays-Bas, lorsque les Hollandais rejettent massivement (61,6 %) le TCE par le référendum du 1er juin 2005. De même, le rôle du

---

face à face, pour les personnes ayant voté et par téléphone pour les abstentionnistes. L'échantillon est de 5216 personnes inscrites sur les listes électorales.

1. La question posée par l'institut CSA est la suivante : « Au moment de voter, quels sont les enjeux qui ont le plus compté pour vous ? »

2. Il s'agit bien des électeurs qui ont songé à la candidature de la Turquie au moment de voter, et non pas de tous les électeurs qui ont voté « non », lesquels sont nombreux à ne pas avoir pris en considération cette question au moment de voter. Parmi tous les électeurs qui ont voté « non », 20 % ont pris en compte la candidature de la Turquie au moment de voter.

3. Il importe de préciser que la plupart des items proposés par CSA sont associés à un niveau élevé du vote « non » : la situation sociale en France (74 %), l'opposition à l'égard de Jacques Chirac et du gouvernement (65 %), le contenu du texte de la Constitution européenne (61 %), les orientations libérales ou sociales de la politique européenne (66 %).

refus de l'adhésion de la Turquie dans le « non » néerlandais a été déterminant. Une enquête d'opinion auprès des Hollandais a montré que plus de la moitié des électeurs du « non » (52,3 %) citaient leur hostilité à l'entrée de la Turquie dans l'Union comme l'une des motivations de leur vote[1]. Aux Pays-Bas comme en France, la candidature de la Turquie a favorisé la victoire du « non ». D'une manière générale, « le "non" néerlandais est intimement lié à un repli général du pays sur lui-même[2] » et à un rejet de l'élargissement. Mais un autre thème a beaucoup compté. Les Pays-Bas sont le premier pays contributeur net par habitant au budget de l'Union. L'opinion est particulièrement sensible à ce thème et les adversaires du traité l'ont largement utilisé, assurant qu'il ne fallait plus payer pour les grands Etats comme la France et l'Allemagne qui, de plus, ne respectent pas les règles du pacte de stabilité que l'on impose pourtant aux Hollandais. Le politologue néerlandais René Cuperus, proche des travaillistes du PvdA, a listé par ordre d'importance les causes du « non » hollandais : « Les Pays-Bas dépensent trop d'argent pour l'Union européenne ; les Néerlandais perdent le contrôle de leur pays ; les Pays-Bas ont trop peu d'influence en comparaison d'autres pays ; les Pays-Bas deviennent trop dépendants de l'Union européenne ; l'information circule peu ; la bureaucratie européenne est grandis-

1. Enquête réalisée par l'institut Interview-NSS et publiée le 20 mai 2005.

2. Richard Wouters, chargé des questions européennes au sein du parti de la Gauche Verte, cité par Corinne Deloy, « Les Néerlandais rejettent massivement la Constitution européenne », art. cité.

sante ; l'euro a des effets négatifs ; des emplois sont perdus au profit des étrangers ; l'Union européenne présente plus d'inconvénients que d'avantages[1]. » Dans les pays de l'Europe du Nord, la question des finances publiques a joué un rôle dans les rejets des traités européens, qui n'a pas été assez remarqué. Il préfigurait pourtant la montée en puissance d'un populisme de contribuable. La critique d'une Europe dépensière, dilapidant l'argent des contribuables, se combinera aisément avec la dénonciation des immigrés consommateurs d'aides sociales.

Sous ses différentes formes, l'analyse des « non » lors des référendums européens, en France, aux Pays-Bas et ailleurs, révélait davantage l'avènement de populismes nationalistes que l'émergence d'une Europe sociale. Il contenait déjà l'expansion d'un populisme hostile à l'immigration et antimusulman que la sensibilité à la question turque annonçait. Le « non » à l'Europe combine la xénophobie, une forte hostilité à l'islam, la dénonciation de la bureaucratie et le rejet des partis dominants. Ce sont les éléments d'un programme populiste.

Le populisme est toujours corrélé à une pensée de type nationaliste, d'une manière ou d'une autre. Il n'y a pas d'exception à cette règle : le populisme est un nationalisme. Le peuple est national. Voilà les seules informations données par les populistes et qui permettent

1. René Cuperus, « Les raisons du "non" néerlandais. Anatomie du nouvel euroscepticisme de la vieille Europe », in *La Revue socialiste*, n° 20, juillet 2005, p. 43.

d'imaginer son visage : ce n'est pas une classe sociale – feu la classe ouvrière –, cc n'est pas un groupe social – le groupe des classes moyennes –, c'est une nation épurée de ses élites malfaisantes, c'est l'idéal d'un peuple seul avec lui-même, sans aucune médiation ni parasitage du rapport à soi. C'est un peuple, parce qu'il est en butte à ceux qui le gouvernent, mais c'est un peuple national parce qu'il est en butte à l'étranger qui le menace. Certes, les figures négatives de l'étranger sont multiples, mais elles n'ont pas toutes la même importance. Dominent largement, jusqu'à l'hégémonie, la dénonciation de l'immigré et le rejet de l'Europe. Les délocalisations, les fonds de pension, les marchés financiers ou la déloyauté des évadés fiscaux sont des thèmes qui apparaissent nettement moins souvent parce que le populisme patrimonial est un populisme de riche. Si les figures de l'étranger sont multiples, les immigrés en restent l'expression principale. Pourtant, les immigrés constituant indiscutablement une figure populaire, ils auraient pu être intégrés dans le « peuple » des populistes. Mais le peuple selon les populistes est ethnicisé. Il ne peut être qu'un « peuple » de Blancs. Parce qu'elles sont immigrées, les classes populaires ne comptent plus, et leur absence du « peuple », dans nos sociétés où pourtant elles forment manifestement les classes populaires, permet le déploiement du populisme patrimonial qui privilégie les classes moyennes, sans renoncer à séduire une partie des classes populaires nationales, puisque la xénophobie permet de leur apprendre, dans le même geste, qu'elles appartiennent à une classc supérieure qui est le peuple des Blancs.

Si la xénophobie est consubstantielle au populisme, dans le populisme patrimonial, ce sentiment fonctionne également comme un marqueur social. Rejeter l'immigré est une manière d'appartenir à une classe sociale supérieure, y compris lorsque l'on appartient à une classe populaire. L'ouvrier national possède sur l'ouvrier immigré le papier attestant de sa supériorité qu'est la nationalité et à laquelle il se retrouve donc fortement attaché. Lors du congrès du Front national, au cours duquel elle fut élue présidente du parti, le 16 janvier 2011, Marine Le Pen avait ainsi utilisé une citation qu'elle attribuait à Jaurès, chez lequel d'ailleurs on ne la trouve pas, qui demeure exemplaire de cette relation à la nationalité : « A celui qui n'a plus rien, la patrie est son seul bien, disait Jaurès en son temps, lui aussi trahi par la gauche du FMI. »

## Une économie nationale de marché

La prise en compte de la question économique fait apparaître une sorte de consensus populiste sur la nécessité du marché. La plupart des partis populistes européens dont on observe aujourd'hui le progrès affichent leur aisance avec l'économie de marché. Ils s'accommodent très bien de la globalisation. C'est un trait caractéristique du populisme de type patrimonial qui domine l'Europe du Nord et que l'on retrouve en Norvège, en Finlande, en Suède, au Danemark, aux Pays-Bas et jusque dans la Belgique flamande, l'Autriche et l'Italie du Nord. Les partis populistes ne souhaitent pas sortir de l'économie de marché. C'est aussi en raison de cette impasse doctrinale que les populismes de gauche sont en difficulté. Pour la plupart des populismes qui réussissent aujourd'hui en Europe, le capitalisme n'est pas un ennemi. Ils imaginent tout au plus une sorte d'économie nationale de marché, placée sous l'autorité d'un Etat réaffirmant sa puissance, notamment par une réactivation des frontières et une politique protectionniste, mais ce n'est pas, à proprement parler, un mode alternatif de production des richesses. Dans un tel programme, on retrouve côte à côte les populismes de gauche, avec *Die Linke* en Allemagne, le Parti socialiste néerlandais ou La Gauche de Mélenchon, et le populisme de droite avec le Front national de Marine Le Pen. Leur point commun est d'en appeler, d'une manière ou d'une autre, à la préférence nationale : « Le libre-échange, écrit Mélenchon, se révèle une triple imposture : un mirage économique, un fléau social et un désastre écologique. Stop ! On peut dire stop, et le faire. Une bonne politique, aujourd'hui, dans tous les domaines, doit avoir une obsession : la relocalisation des activités[1]. »

Ces populismes reposent donc sur l'idée d'une conservation des richesses du peuple, voire d'une réappropriation par le peuple de ses richesses, d'une récupération de ses richesses. C'est aussi en ce sens que le populisme est un conservatisme : par le protectionnisme, il s'agit de préserver ses richesses, de reprendre au monde ce que la globalisation est supposée avoir

1. *Qu'ils s'en aillent tous !*, *op. cit.*, p. 100.

enlevé, quand la préférence nationale promet d'assurer au peuple sa primauté dans la distribution des richesses. La préférence nationale, promesse explicite des populistes de droite et discours subliminal des populistes de gauche, est la charnière qui relie les deux volets du diptyque populiste : préférence nationale face aux étrangers de l'extérieur, par le protectionnisme, le retrait de l'Union, etc., et préférence nationale face aux étrangers de l'intérieur, par la reconstitution d'une préférence nationale pour l'accès à l'emploi et, plus encore, pour l'accès aux aides sociales.

L'opposition des partis populistes à l'Union européenne peut varier sur certains motifs, par exemple, certains insistent plus que d'autres sur la bureaucratie dévoreuse de budgets, mais tous prétendent se battre au nom de la défense de la souveraineté nationale. Les partis populistes qui rencontrent un plus grand succès sont ceux qui prennent également en charge un discours d'identité nationale. Ainsi, ils peuvent combiner leur hostilité à l'Union et l'hostilité à l'immigration, dans un ensemble parfaitement cohérent puisqu'il double une fermeture par une autre, à la différence de la plupart des partis populistes de gauche qui s'opposent à l'Europe sans parvenir à systématiser la mise en cause de l'immigration – quand ils le font, c'est un triomphe, comme le montre le cas des populismes de gauche dans l'Europe postcommuniste. Dans mon livre analysant la campagne référendaire française de 2005, j'ai montré comment la gauche du Non, aux côtés des partis d'extrême droite, avait baigné dans un discours xénophobe dont elle avait fini par être imprégnée elle-même (cf. *Le Vertige social-nationaliste. La gauche du Non*, 2005). Le populisme qui prospère est de droite parce que la droite peut être plus franchement identitaire. Il est construit sur le principe d'une normalisation du discours xénophobe sur fond de conservatisme économique. Un tel populisme se combine aisément avec l'économie de marché. Il n'a nul besoin de la remettre en cause, s'épargnant le risque d'agiter des perspectives anxiogènes pour des couches sociales malgré tout matériellement favorisées et bien plus attachées à défendre leurs acquis et la valeur de leur patrimoine qu'à lutter contre les inégalités. Les performances électorales des partis populistes du nord de l'Europe méritent d'autant plus notre attention que ces pays sont particulièrement riches, en dépit des conjonctures moins favorables et au-delà des soubresauts provoqués par les crises. Ils apportent la preuve que la croissance économique et la richesse d'une nation ne garantissent pas l'extinction du populisme. C'est pourquoi, dans le populisme patrimonial, la dimension identitaire est toujours combinée avec un antifiscalisme farouche.

## UN ANTIFISCALISME

C'est dans l'accès des immigrés aux aides sociales que se loge une partie de l'antifiscalisme des populistes les plus prospères. Ils dénoncent un Etat providence qui gaspille l'argent du peuple au profit de nouveaux arrivants. Le point d'entrée n'est pas seulement le fait qu'il s'agit d'immigrés, d'étrangers, mais aussi le fait qu'il s'agit de dépenses jugées excessives et dont le peuple s'estime lui-même le financeur. Les critiques du développement de l'Etat providence et du poids croissant des prélèvements obligatoires qui en serait la conséquence sont parmi les premières manifestations de la renaissance du populisme, au milieu des années 70, en Europe du Nord. Depuis, l'argument ne fait que gagner en puissance, la gestion du chômage de masse dans la désindustrialisation puis la globalisation des économies européennes, la charge des dépenses de retraites et de santé liées au vieillissement démographique, la tendance générale à l'accroissement de la dette publique, avec de nombreux cas de surendettement public, tout cela a concouru, et concourra encore, à favoriser le thème d'une raréfaction des ressources collectives et, conséquemment, celui de leur partage, en ce qui concerne la question qui nous occupe, entre les ressortissants de souche et les immigrés. La dénonciation d'une distribution inconsidérée d'aides sociales et de services sociaux aux immigrés et à leur famille est peut-être le thème populiste le plus caractéristique. Il semble être le plus efficace. Parce qu'il permet d'associer la préférence nationale ou la xénophobie avec l'antifiscalisme. Le thème budgétaire est capable de mobiliser les classes populaires et les classes moyennes, favorisant la constitution d'un mouvement interclassiste qui est le propre du populisme.

## Les libertés comme patrimoine

C'est sans doute le plus grand contre-pied du populisme patrimonial. Hier, les populistes menaçaient la démocratie libérale, suscitant des mobilisations générales régulières. Aujourd'hui, ils se présentent comme les meilleurs protecteurs du régime des libertés, reprochant aux élites et aux partis de gouvernement de n'avoir pas suffisamment défendu les valeurs et les règles de la société libérale, en ayant fait preuve de complaisance face à la montée du multiculturalisme et de l'islamisme engendrée par une politique d'immigration jugée irresponsable. En Europe, c'est en investissant, avec une habileté redoutable, la défense de la société libérale que les partis d'extrême droite ont pu opérer une reconversion vers le populisme patrimonial qui leur assure une audience bien meilleure et leur permet de conquérir une clientèle électorale beaucoup plus large, favorisant l'accès aux fonctions politiques locales, nationales et européennes, lesquelles leur fournissent des ressources qu'ils n'avaient jamais eues jusque-là. Si se répand l'idée que l'islam fait peser une menace sur les principes qui ordonnent nos sociétés libérales, alors les mouvements les plus hostiles à l'islam et à l'immigration, inextricablement liés l'un à l'autre, se retrouvent en pointe. Mais leur hostilité ne repose plus sur l'affirmation raciste pure et simple, ni même sur l'expression d'un mépris xénophobe; elle s'appuie désormais sur une préoccupation affichée pour la défense de la laïcité, de l'égalité entre les hommes et les femmes ou de la liberté d'opinion et de la presse. Oui, les populistes assurent aussi défendre les journalistes et les intellectuels. Et les crises autour des *Versets sataniques* ou des caricatures de Mahomet les ont fortement aidés en cela. C'est désormais sur ce thème que se développent les entreprises politiques qui dénoncent l'immigration. Sans être populistes, les discours d'Enoch Powell laissaient entrevoir combien une critique de l'immigration au nom des dangers que le multiculturalisme fait courir aux sociétés libérales était plus puissante qu'une critique de l'immigration au nom de la xénophobie.

En France, lorsque Marine Le Pen, en décembre 2010, compare l'islam à une « occupation », elle déclenche une réprobation irréfléchie particulièrement inappropriée, l'accusant de marcher sur les pas de son père, peut-être parce qu'elle faisait référence à la Seconde Guerre mondiale, alors qu'elle opérait, au contraire, une rupture avec la sempiternelle danse rhétorique du fondateur du Front national. Très différemment, Marine Le Pen est devenue la première représentante du Front national à stigmatiser un adversaire en le qualifiant, finalement, de « nazi ». Ce faisant, elle reprenait à son compte la position du résistant, abandonnant celle du « collabo » que l'on attribua volontiers à son père, et qu'elle a beau jeu maintenant de renvoyer à la classe politique et médiatique ébahie. Pour illustrer sa prétention patriotique, le père, qui resta empêtré dans un jeu iconoclaste avec la Seconde Guerre mondiale et la France de Vichy, finalement *old style*, n'avait pu imaginer qu'un retour à la figure délaissée de

Jeanne d'Arc. Mais Jeanne est une sainte, elle est à tout point de vue plus lointaine, évanescente, classique, chrétienne. Il n'y a pas plus élitiste ! Marine Le Pen a renversé un jeu de références installé de longue date et dans lequel son parti avait la part la plus mauvaise. C'est pour elle un acte de gloire fondateur, un trophée arraché à des adversaires naïfs ou imprudents et qui l'avaient sous-estimée, une victoire emportée sous le regard du public.

L'inversion opérée par Marine Le Pen montre que le Front national est en passe de se convertir lui aussi au populisme patrimonial venu de l'Europe du Nord. Si les partis que l'on a jusqu'ici situés à l'extrême droite prennent en charge un discours d'hostilité à l'égard de l'immigration au nom de la défense de la démocratie libérale, il sera plus difficile de convaincre les électeurs qui seront tentés de voter pour eux de ne pas le faire. Nombreux sont les commentateurs qui, dans les premiers moments de son succès, ont qualifié Pim Fortyun de leader d'extrême droite sans voir que cela ne correspondait ni au personnage, ni à son parcours, ni à ses idées, ni à ses électeurs et ni à son pays : si cet ancien professeur de sociologie – marxiste –, dont personne n'ignorait l'homosexualité tant il la revendiquait, est devenu dans son pays le pourfendeur charismatique de l'immigration, de l'islam et du multiculturalisme, c'est parce qu'il a compris que le temps était venu de le faire au nom des libertés et de la tolérance. Son assassinat n'a pas mis fin au type de populisme qu'il a incarné, parce qu'il a su repérer une série d'éléments épars et les a réunis en esquissant une sorte de synthèse réellement novatrice. Fortuyn est l'idéologue empêché du populisme patrimonial dont il eut manifestement l'intuition et dont il est devenu de manière fulgurante le champion éphémère.

## UN INDIVIDUALISME

Comme le populisme en général, le populisme patrimonial ignore la segmentation en classes sociales, en dehors d'une ligne de clivage unique, tranchante, mais fondamentale séparant le peuple des élites. Cette différenciation, trop générale, n'est pas sociologique mais politique. Dans la critique marxiste, on insiste à raison sur la dimension individualiste du populisme. De ce point de vue, le populisme est dans une relation d'opposition frontale avec la vision marxiste, au moins en ce qu'il veut ignorer les classes sociales. Si la société des populistes se résume au peuple et aux élites, c'est que le peuple n'est composé que d'individus. S'il n'y a pas de classes sociales il n'y a que des individus. Le populisme patrimonial s'adresse aux individus en leur parlant d'un peuple outragé dans lequel, pour un grand nombre d'entre eux, il est aisé de se reconnaître. Le «peuple» est une entité abstraite que l'on ne se préoccupe guère de définir et que représente un leader parlant à une pluralité d'individus, pris dans leur frustration personnelle, dans leur ressentiment personnel et non pas dans une revendication de groupe ou l'exaltation d'une quelconque cause commune. Le peuple du populisme est une agrégation de colères individuelles, de protestations disparates, morcelées, et qui n'ont pas grand-chose à faire ensemble quand elles ne sont pas purement et simplement contradictoires.

Cet aspect est essentiel aujourd'hui, si l'on admet que la relation démocratique est devenue au fil du temps de plus en plus individualiste. Pour les individus, la classe sociale ne constitue plus un univers d'appartenance ni même de représentation. La classe ouvrière n'a pas entièrement disparu comme réalité sociale, mais elle est devenue politiquement invisible ou absente, et jusqu'aux ouvriers qui ne se représentent plus eux-mêmes comme membres de la classe ouvrière. Les partis ouvriers ont disparu, l'électorat ouvrier s'est éparpillé, au profit de plusieurs partis politiques, depuis l'extrême gauche jusqu'à l'extrême droite, en passant par l'abstentionnisme. De même, la paysannerie n'est plus représentée comme un groupe social singulier. Les partis agrariens ont disparu ou ne pèsent plus. Les classes moyennes sont traversées par trop de diversité de statut et de niveau de revenus pour donner prise à un sentiment d'appartenance. En témoigne de manière paradoxale le fait que deux tiers à trois quarts des personnes interrogées se classent spontanément dans la catégorie des classes moyennes.

Dans les sociétés européennes contemporaines, il existe une relation entre la disparition des classes sociales de l'espace politique – le fait qu'elles ne sont plus politiquement représentées et qu'elles n'organisent plus le système des partis – et l'apparition de mouvements de type populiste. De ce point de vue, les partis populistes contemporains s'inscrivent dans la continuité des grands partis attrape-tout qui ont succédé aux partis de classe dans les années 60. Les partis attrape-tout ont tous été pensés pour bâtir des majorités électorales aussi larges que possible. Ils correspondent au déclin de la société industrielle et des clivages sociaux qui la caractérisaient, au déploiement de l'Etat providence qui pacifie les relations sociales, au triomphe de l'économie des services qui dématérialise le monde du travail. Ces partis attrape-tout sont ce que l'on appelle des partis de gouvernement, compétents et modérés, faits pour gagner les élections et pour gouverner efficacement. La grande époque de ces partis de gouvernement correspond à la période qui va, avec quelques variantes selon les pays, de l'après-guerre jusqu'aux années 80. Ces partis de gouvernement qui ne connaissent pas les classes sociales ont donc un point commun avec les partis populistes. Dans les sociétés européennes, la disparition des classes sociales de la vie politique a d'abord joué en faveur des partis de gouvernement. Elle va peut-être désormais favoriser les partis populistes.

## UN CONSERVATISME

La première décennie du XXI<sup>e</sup> siècle sera marquée par le basculement dans l'âge de la retraite des générations du baby-boom. Il est difficile de connaître les effets que ce grand basculement peut avoir sur la vie politique et les choix collectifs mais il est impossible d'imaginer qu'il n'y en aura pas. Les démocraties n'ont jamais connu une telle situation démographique. De plus, la notion de retraite a changé de sens. Des quelques années de repos qui précédaient la fin de vie, elle est devenue, par sa durée, une véritable troisième vie, après les années de jeunesse, après les années de vie active. La retraite est une nouvelle vie, souvent choisie, préparée, planifiée depuis longtemps. C'est la récompense de beaucoup d'efforts consentis, la récolte des fruits du travail. C'est pourquoi les retraités pourraient être plus sensibles encore aux changements imposés par la raréfaction des ressources publiques et s'ils ont aujourd'hui un niveau de vie moyen qui dépasse celui des actifs, ce n'est pas destiné à durer. Cette espèce de groupe social heureux est peut-être en train de changer d'état d'esprit.

Le populisme est une forme politique de résistance au changement. C'est une forme de résistance qui ne réussit jamais, là est la spécificité du populisme. Dans un moment historique dominé par le changement, le populisme surgit en réaction. Mais il ne parvient pas à empêcher la disparition du monde familier pas plus qu'il ne peut s'opposer au monde nouveau. Le populisme est toujours une variante du conservatisme. Ce n'est pas une politique de conquête, mais une politique de défense. Ce n'est pas une politique progressiste mais une politique de préservation. Le changement est dénoncé en tant qu'il affecte des situations acquises et constituées. Le populisme patrimonial est une stratégie d'autodéfense mise en place par des groupes sociaux aisés ou relativement aisés, confrontés au déclassement, voire à la paupérisation, ou saisis par la peur du déclassement ou de la paupérisation. Ce populisme est en réalité un mouvement mêlant des individus et des groupes bousculés par la vie et le sens de l'histoire à des groupes sociaux plutôt confortablement installés dans l'existence. Ils appartiennent aux catégories indépendantes, pour ce qui concerne le statut, et intermédiaires, pour ce qui concerne le niveau des salariés concernés. Le populisme patrimonial parle aux classes moyennes, aux indépendants et salariés, ce qui favorise l'image d'un mouvement unificateur, fédérateur, dépassant les clivages de classe. C'est pourquoi il peut aussi aimanter une partie de la classe ouvrière et même de la petite fonction publique d'Etat.

Dans cette résistance au changement que représente le populisme, il y a aussi la résistance au changement culturel. L'importance du changement culturel produit par la globalisation a été sous-estimée jusqu'à présent. Pourtant, les effets sur l'émergence du populisme patrimonial sont peut-être considérables. Le monde change, ni les paysages ni les décors ne sont les mêmes. Le monde dans lequel on a vu le jour, celui pour lequel on a été éduqué et formé n'est pas reconnaissable ou n'est plus là, suscitant un étrange sentiment d'insécurité culturelle, identitaire, voire existentielle. C'est pourquoi le vieillissement des sociétés européennes revêt une telle importance. Ce sont des sociétés souvent surprises et parfois stupéfaites devant les changements culturels que charrient la révolution démographique et la globalisation. Mais ce sont des sociétés où l'adaptation est la plus difficile et la plus lente, où le premier réflexe est celui du refus et où le refus reste longtemps la seule réaction face au changement. Ce refus peut prendre la forme collective et politique du populisme. Un état instable ne saurait durer. Il est naturel que la globalisation produise en réaction des mécanismes de défense et de résistance au changement de la part des individus et des groupes affectés. De même, il est naturel que les groupes sociaux qui voient leurs intérêts affectés ou qui le redoutent s'efforcent de défendre leurs intérêts.

## Le modèle hollandais du populisme

Fortuyn a commencé son parcours politique au sein d'une formation d'extrême gauche, le Parti socialiste néerlandais (SP). Son cheminement vers la création d'un parti politique portant son nom passe par une confédération populiste réunissant des mouvements divers sous le nom de *Leefbaar Nederland,* « Pays-Bas vivables », et dont il devient l'un des candidats dans la perspective des élections législatives de 2002. Il expose alors ses idées politiques à l'occasion d'une interview dans un journal néerlandais[1] au cours de laquelle il lance la formule qui le rendra si célèbre, les Pays-Bas sont suffisamment peuplés : « 16 millions de Hollandais, c'est assez : le pays est saturé. » Il faut donc stopper l'immigration. Il n'est pas raisonnable d'accueillir plus d'immigrés, d'autant que ces nouveaux arrivants sont de culture musulmane qu'il qualifie de « rétrograde », dénonçant son intolérance, assurant que l'islam n'est pas compatible avec la culture libérale hollandaise et considérant que, selon un ordre logique, la liberté d'opi-

1. *De Volkskrant*, 9 février 2002.

nion doit primer sur l'interdiction des discriminations. Fortuyn considère cependant que les immigrés suffisamment intégrés ont toute leur place aux Pays-Bas, se démarquant ainsi des thèses de l'extrême droite à laquelle il affirme ne pas appartenir, récusant explicitement toute proximité avec le FPÖ autrichien, le Front national français ou le *Vlaams Blok* flamand (devenu ensuite *Vlaams Belang*).

Ses déclarations ont déclenché un tollé, provoquant une crise au sein du *Leefbaar Nederland* qui prend la décision de ne plus faire figurer Fortuyn sur ses listes pour 2002. Ce fait mérite d'être brièvement commenté. Les dirigeants de *Leefbaar Nederland* ont craint de subir le même sort que le Parti du centre (*Cemtrumpartij*, CP), un mouvement d'extrême droite anti-immigré fondé en 1980, qui fit l'objet d'une implacable politique du type cordon sanitaire, subissant de nombreuses procédures judiciaires pour finalement disparaître en 1986. Mais en 2002, les temps ont changé. Le cas Fortuyn en témoigne. Chassé du *Leefbaar Nederland*, il persiste en fondant aussitôt son propre parti, en février 2002, la Liste Pim Fortuyn (*Lijst Pim Fortuyn*, LPF). Il est alors rejoint par de nombreux membres et sympathisants du *Leefbaar Nederland* en désaccord avec la décision de ne plus présenter Fortuyn. Le succès des idées et de la personnalité de Fortuyn se mesure dès le mois de mars 2002, lorsque la section de Rotterdam du *Leefbaar Nederland*, désavouant la direction de l'organisation, fait sécession, conservant Pim Fortuyn comme leader. La liste, changée en *Leefbaar Rotterdam*, remporte 34 % des suffrages du conseil municipal de Rotterdam, devenant le premier parti de la ville. Fait particulièrement significatif de la poussée, ce néopopulisme renvoie dans l'opposition la social-démocratie hollandaise, le Parti travailliste, majoritaire dans la ville depuis trente ans. Le meurtre de Pim Fortuyn, le 6 mai 2002, à une semaine des élections, provoque un choc considérable aux Pays-Bas. Avec 17% des suffrages exprimés et 26 sièges à la Chambre des députés, la LPF devient la deuxième force politique du pays. On ne saura jamais ce que serait devenu ce parti si Fortuyn n'avait pas été assassiné, mais la LPF n'a pas survécu longtemps à son fondateur : elle s'effondre aux élections législatives de 2003 (5,7%) pour disparaître lors des élections de 2006 (0,2%).

Fortuyn a livré les éléments d'une doctrine que l'on trouve au cœur du phénomène de populisme patrimonial : rupture avec la droite de gouvernement par la dénonciation des politiques d'immigration et du laxisme à l'égard du multiculturalisme ; éloge de la société libérale et de ses valeurs ; mise à distance de l'extrême droite classique, par l'expression d'un philosémitisme ostentatoire et en affirmant que les immigrés qui adoptent les valeurs de la société libérale hollandaise ont toute leur place aux Pays-Bas ; concentrant son argumentation sur l'incompatibilité entre la culture occidentale et la culture musulmane, jugées trop différentes l'une de l'autre. S'il n'a pas recouru aux thèses de l'inégalité entre les races, puisqu'il parle d'incompatibilité culturelle et non de hiérarchie des races, il a cependant critiqué en des termes très virulents la religion musulmane, et une bonne partie de l'écho médiatique et politique qu'il a pu rencontrer tient à cela. L'utilisation de la peur et du refus de l'islam reste l'un des moteurs les plus efficaces du nouveau populisme, et c'est lui qui donne l'avantage aux partis d'extrême droite, voire de droite, lorsqu'il s'agit d'opérer les reconversions gagnantes vers la forme populiste.

Le prolongement hollandais de la Liste Pim Fortuyn est le Parti pour la liberté (*Partij voor de Vrijheid*, PVV), fondé en février 2006 par Geert Wilders. Venu du Parti libéral, Geert Wilders est l'ancien assistant parlementaire de Fritz Bolkestein. Wilders affiche son opposition à l'Union européenne et prône, pour commencer, la suppression du Parlement européen. Son discours est une déclinaison de la doctrine Fortuyn, mais l'écho rencontré est plus fort encore depuis l'assassinat de ce dernier puis de celui du réalisateur Theo Van Gogh par un islamiste. En présentant l'islam et les musulmans comme un nouveau « fascisme », le « nazislamisme », les populistes hollandais reprennent à leur compte la méthode Fallaci, permettant de libérer toute la force de l'opinion xénophobe en l'arrachant aux partis d'extrême droite qui ont tenté de l'avoir en monopole. Mais ils ont échoué. Loin de faire prospérer cette opinion, ils l'ont comprimée en lui donnant des formes outrancières qui ont rendu son expression plus difficile compte tenu des traumatismes de l'histoire, favorisant le recours du reste de la société à des mécanismes de *containment* et d'ostracisation, de mise à l'écart, des partis d'extrême droite. Le populisme patrimonial dénonce le sexisme et l'homophobie de l'islam qui menacent directement l'identité culturelle des Pays-Bas en remettant en cause son libéralisme et sa tolérance légendaires. S'il demande l'arrêt de l'immigration sans aller jusqu'à réclamer l'expulsion systématique des immigrés, à l'exception des immigrés délinquants, Geert Wilders, toujours à l'image de la doctrine Fortuyn, exige cependant l'interdiction du Coran, au motif, selon lui, qu'il est aussi nocif pour les libertés que *Mein Kampf*. Le populisme identitaire et libéral de Wilders s'accompagne d'un appel au rattachement de la Flandre belge aux Pays-Bas. L'épreuve du feu est passée avec succès l'année même de la création du parti. Lors des élections législatives de 2006, le Parti pour la liberté rassemble 5,9 % des suffrages exprimés, obtenant 9 sièges de députés et s'imposant au premier coup comme le cinquième parti politique du pays. Aux élections européennes de juin 2009, il obtient 17 % des voix. Les élections législatives de 2010 font de son parti la troisième force politique des Pays-Bas, avec un score (15,4 %) qui le place à une courte distance des deux grands partis de gouvernement, qu'il s'agisse des sociaux-démocrates du Parti travailliste (19,6 %) ou des libéraux du Parti populaire pour la liberté et la démocratie (20,5 %).

# 4

## La conversion des droites au populisme patrimonial

Entre 1971 et 2010, on peut compter 27 partis populistes significatifs. Au cours de la décennie 70, on en compte 4, dont 3 existent encore aujourd'hui, et parmi eux le Front national, né en 1972. Un autre, le *Vlaams Block* flamand, né en 1978, s'est transformé en 2004 pour devenir le *Vlaams Belang*. La décennie 80 voit apparaître 3 nouveaux partis populistes. Tous sont encore actifs. On en compte 10 de plus au cours de la décennie 90, dont un n'a pas survécu tandis qu'un autre s'est métamorphosé en 2003. On compte encore 10 partis populistes supplémentaires au cours de la décennie 2000-2010 dont un seul a disparu, la Liste Pim Fortuyn, aux Pays-Bas, déstabilisée par la mort de son fondateur, assassiné en 2002, l'année de la création du parti. N'ont été ici pris en compte que les mouvements qui, à un moment ou à un autre, sont parvenus à atteindre une influence électorale supérieure à 5 % dans le cadre d'un scrutin national. Cela fait donc un total de 27 partis de type populiste dotés d'une influence significative. Ils concernent 18 pays européens différents, dont deux qui sont extérieurs à l'Union, la Suisse, avec l'UDC, et la Norvège, avec le Parti du progrès. Sur ces 27 partis populistes, 7 ont vu le jour dans cinq pays de l'Europe postcommuniste : la Pologne, la Slovaquie, la Hongrie, la Roumanie et la Bulgarie.

## LE NOUVEAU SIÈCLE : L'ENVOLÉE POPULISTE

Il est intéressant de noter l'année au cours de laquelle chacun de ces partis réalise son meilleur score. Cela permet de situer le moment de la poussée populiste en Europe. Les partis nés au cours de la décennie 70 ont tous réalisé leur meilleur score au cours de la période 2002-2009. Les partis nés au cours de la décennie 80 ont réalisé leur meilleur score au cours de la période 1999-2006. Les partis nés au cours de la décennie 90 ont réalisé leur meilleur score au cours de la période 2000-2010. Naturellement, les partis nés au cours de la décennie 2000-2010 ont réalisé leur meilleur score durant la même période. Le détail montre que 8 des meilleurs résultats se concentrent sur la période 2005-2010, tandis que seuls 4 des 10 partis créés au cours de cette décennie l'ont été entre 2000 et 2005. Dans quelques cas, les résultats obtenus sont très importants. Ainsi, sur 27 partis populistes, 11 ont dépassé 15% des suffrages exprimés lors d'élections nationales. Dans les pays qui pratiquent l'élection du chef de l'Etat au suffrage universel direct, un candidat populiste est arrivé au second tour en 2000, en Roumanie, en 2002, en France, et en 2006, en Bulgarie. On notera enfin que le succès de ces partis populistes lors des élections européennes ou, plus encore, lors des élections locales est souvent plus important.

Les partis politiques européens qui se sont convertis au populisme patrimonial ont emprunté deux chemins différents parce qu'ils ne venaient pas du même lieu. Un premier chemin a conduit les partis de l'extrême droite raciste, ou ses principaux cadres dirigeants, vers le populisme. Un second chemin a conduit des partis de la droite de gouvernement, ou quelques-uns de ses dirigeants, vers le même point d'aboutissement. Les partis d'extrême droite se convertissent par opportunisme mais aussi parce qu'une nouvelle génération de cadres refusent la position de l'éternel perdant, portent moins d'attention aux controverses idéologiques et manifestent plus d'appétence pour les coups politiques. Ils sont pragmatiques, ils ont hérité l'esprit d'entreprise des années 80 et sont dotés d'une solide culture marketing. Ils utilisent parfaitement tous les outils de communication disponibles : le leader suisse de l'UDC, Christoph Blocher, possède même une agence de communication, *Goal*, qui a réalisé des campagnes électorales gagnantes, non seulement pour l'UDC suisse mais aussi pour le FPÖ autrichien; Georgios Karatzaferis, le leader du Laos, en Grèce, est propriétaire d'une chaîne de télévision – Teleasty – et d'un hebdomadaire.

## De l'extrême droite au populisme patrimonial

Le Parti du peuple danois (*Dansk Folkeparti*, DF) a suivi ce premier chemin. Ce parti est né en 1995 d'une scission au sein du Parti du progrès de Mogens Glistrup, explicitement raciste et développant un discours anti-musulman très agressif, mobilisant volontiers les références au nazisme. La position marginale à laquelle un tel discours condamnait le Parti du progrès a fini par exaspérer une fraction de ses dirigeants, désireux de jouer un rôle lors des élections et de peser sur la décision publique, notamment en participant à des coalitions parlementaires et gouvernementales. Ce groupe de dissidents fonde le Parti du peuple danois (DF), dirigé par Pia Kjærsgaard, une infirmière en gérontologie présentée comme une femme du peuple, au parler franc et direct. Le DF développe une doctrine fermement hostile à l'immigration, notamment fondée sur le rejet du multiculturalisme et le thème du retour à une identité nationale «pleine et entière». Le Parti du peuple danois revendique des mesures en faveur des personnes âgées, la baisse des impôts et la réduction du poids de l'Etat. Il enregistre de bons résultats dès sa première épreuve électorale, lors des législatives de 1998 (7,4 %), puis ne cesse de progresser aux suivantes, en 2001 (12 %), en 2005 (13,2 %) et en 2007 (13,8 %).

De la même façon, les Démocrates de Suède (*Sverigedemokraterna* SD) sont issus de l'extrême droite raciste et antisémite. Cette formation marginale a été réorientée à partir de 1995 par l'ex-centriste Mikael Jansson qui, à l'âge de 30 ans, prend la tête de l'organisation à la place d'Anders Klarström, ancien militant nazi. Jansson opère le virage stratégique du DS, passant de l'extrême droite au populisme, grâce à une série de décisions internes – il interdit notamment le port des uniformes nazis lors des rassemblements... – et au terme d'une lutte avec l'aile radicale composée de militants néo-nazis faisant l'objet de condamnations pénales pour violences physiques ou verbales, le plus souvent à caractère raciste. La lutte interne se termine par une scission favorisant le recentrage recherché tout en fédérant les réseaux des électeurs et des petites organisations constituées dans les années 80-90 sur le thème de l'hostilité à l'immigration. Cette nouvelle stratégie assure au parti quelques progrès. Entre les élections législatives de 1998 (0,37 % des suffrages) et celles de 2002 (1,44 %), la progression est modeste, mais le SD devient le huitième parti du pays. En 2005, Mikael Jansson cède la place à Jimmie Åkesson, un étudiant en sciences politiques à l'allure rassurante, alors âgé de 26 ans. Poursuivant l'œuvre de modération mise en place par Jansson, notamment en adoptant un nouveau logo – une anémone bleue – en lieu et place de l'ancienne main portant une torche aux couleurs du pays –, Åkesson permet aux Démocrates de Suède de réaliser une nouvelle avancée électorale (2,9 %) lors des élections législatives de 2006 puis de faire entrer une vingtaine de députés à l'issue des législatives de 2010 (5,7 %).

Le programme des Démocrates de Suède est peu élaboré et repose principalement sur le refus du multiculturalisme. Dans son manifeste électoral, le parti défend « l'héritage culturel suédois, une maison commune fondée sur le respect des valeurs de l'Etat providence et du droit des Suédois à faire vivre leur culture et leurs conditions ». A cette fin, il propose de « diminuer l'importance des flux migratoires », notamment en « réduisant de 90 % le regroupement familial». Les SD sont, en revanche, favorables au «soutien suédois accordé à l'UNHCR (l'Agence des Nations unies pour les réfugiés)» mais s'engagent à diminuer l'aide aux pays en voie de développement de 1 % à 0,7 % du PNB. Les Démocrates de Suède acceptent le recours à une immigration professionnelle mais seulement si la situation économique le justifie. L'islam est la cible principale du parti. En octobre 2009, Jimmie Åkesson affirme que «les musulmans constituent la plus grande menace pour la Suède depuis la Seconde Guerre mondiale». Fin août 2010, les SD produisent un clip électoral, censuré à la télévision mais très populaire sur Internet, mettant en scène une course entre une retraitée suédoise anxieuse poussant péniblement un déambulateur et une troupe de femmes en burqa, galopant derrière leurs landaus. Le slogan est clair : «Le 19 septembre, choisissez de mettre fin au financement de l'immigration avant que ne soit mis fin au financement des retraites.»

Les SD développent deux autres thèmes, la lutte contre la criminalité – en réclamant un alourdissement des peines – et le soutien aux personnes âgées – en revendiquant une fiscalité plus favorable. Si la politique étrangère ne constitue pas, selon le parti, «la préoccupation majeure de [leur] électorat», les Démocrates de Suède se prononcent toutefois pour la sortie immédiate de la Suède de l'Union européenne, pour le retrait des troupes suédoises d'Afghanistan et contre l'adhésion turque à l'Europe. Le SD n'est pas encore parvenu à égaler le score obtenu par la Nouvelle Démocratie (*Ny Demokrati*, NyD) qui avait rassemblé 6,7 % des suffrages exprimés et 25 députés lors des législatives de 1991, l'année de sa création. La Nouvelle Démocratie défendait un programme associant la dénonciation de l'immigration et la promotion d'une économie libérale, préfigurant dans un contexte moins favorable les partis populistes de type patrimonial qui ont surgi depuis.

En Finlande, l'offre populiste est portée par le Parti des Vrais Finlandais (*Perussuomalaiset*, PSL) de Timo Soini, créé en 1995, à distance d'une multitude de partis d'extrême droite qui sont restés explicitement racistes et marginaux sur le plan électoral. Le Parti des Vrais Finlandais développe un discours hostile à l'immigration et au multiculturalisme, exigeant l'assimilation des immigrés et fustigeant les dépenses publiques générées par leur présence sur le territoire national, y compris à travers les programmes de formation linguistique qui leur sont destinés afin de favoriser leur intégration. Le Parti des Vrais Finlandais a réalisé une première percée aux élections législatives de 2003 (1,6 % des suffrages, 3 sièges) puis de 2007 (4,1 % des suffrages, 5 sièges), avant de s'affirmer aux élections européennes de 2009 (9,7 %).

En France, le Front national connaît trois phases. De 1972, l'année de sa création, et jusqu'au début des années 80, le Front national s'inscrit clairement dans la tradition de l'extrême droite française, en rejetant l'héritage de la Révolution française et la philosophie des Droits de l'homme. A partir des élections européennes de 1984 (11 %), le Front national accède à une puissance électorale inédite[1], en raison des grandes difficul-

1. Cf. Nonna Mayer, *Ces Français qui votent Le Pen*, Paris,

tés rencontrées par la gauche après son accession au pouvoir en 1981, de la dissolution de l'électorat communiste et du soutien apporté au parti de Jean-Marie Le Pen par François Mitterrand, désireux de faire obstacle aux progrès de la droite de gouvernement, en particulier par le truchement d'une modification du mode de scrutin à quelques semaines des élections législatives de 1986, introduisant le scrutin proportionnel, afin d'intensifier la concurrence entre le FN et la droite chiraquienne. Cette deuxième période est presque entièrement réduite à la figure de Jean-Marie Le Pen. Les bons résultats électoraux alternent avec les coups d'éclat médiatiques, déclenchés par un jeu de provocations où la manipulation iconoclaste des drames de la Seconde Guerre mondiale occupe une place prépondérante. Le point paroxysmique de cette période est certainement le 21 avril 2002, lorsque Jean-Marie Le Pen (16,8 %) accède au second tour de l'élection présidentielle, en éliminant le candidat socialiste Lionel Jospin. Mais le Front national ne trouve aucun prolongement à cette performance et, de même que Lionel Jospin n'a pas su prendre le chemin de la nouvelle gauche menée par Clinton, Blair et Schröder, de même Le Pen, à la différence de la plupart des partis populistes européens, ne parvient pas à saisir les opportunités d'une transformation à l'œuvre partout en Europe. Il perçoit certainement le virage amorcé par les partis semblables lorsqu'il déclarait à Strasbourg, le 31 mars 1997, à la fin du

Flammarion, 2002 ; Pascal Perrineau, *Le Symptôme Le Pen. Radiographie des électeurs du Front national*, Paris, Fayard, 1997.

X^e^ congrès du FN : « Notre alternative est populaire, certains disent même populiste, et nous n'avons pas honte. Bien au contraire nous en sommes fiers. Nous sommes fiers de défendre un programme qui répond aux aspirations du peuple ; des villes plus françaises, plus enracinées. »

Pour autant, Jean-Marie Le Pen ne parviendra pas à négocier ce tournant. Accroché à son jeu et à son texte, sans varier d'un ton, Le Pen reprend encore et toujours le rôle qui fit son succès, se trouvant finalement dépassé. Un propos usé, traversé de références devenues peu à peu élitistes, de provocations qui ont fini par lasser jusqu'à son public et installer son chef notabilisé dans une sorte de protestation routinière. Le premier tour de l'élection présidentielle de 2007 est considéré comme un échec, à la fois en raison de son score (10,4 %) et en raison de la candidature de Nicolas Sarkozy, qui prendra le risque, couronné de succès, d'empiéter sur les thèmes de prédilection du Front national.

La troisième période commence en janvier 2011, avec l'arrivée de Marine Le Pen à la tête du Front national. Au-delà du basculement générationnel, la succession ouvre une période de mutation. Le Front national se met au diapason du populisme européen qui réussit : c'est la rupture avec l'extrême droite fascisante, antisémite, passionnée de doctrine et d'idéologie. Les rêves de revanche sont abandonnés. Le temps a passé et ces contentieux ne font plus sens. Plus proche des populismes de l'Europe du Nord que de l'extrême droite autrichienne (FPÖ), du populisme séparatiste flamand

(*Vlaams Belang*) ou italien (*Lega Nord*), le Front national prend en charge un discours protestataire qui adresse ses critiques les plus vives aux immigrés musulmans et aux musulmans de France, mais en abandonnant le point de vue raciste d'hier pour la défense des valeurs républicaines telles que l'égalité entre les femmes et les hommes, la laïcité, la liberté individuelle ou la liberté d'opinion. L'assiette électorale d'un tel discours est potentiellement plus large, et ce d'autant plus que le Front national investit des thèmes complémentaires comme le niveau de la pression fiscale, le sort des classes moyennes, la qualité de l'enseignement scolaire, l'inégalité dans l'accès aux soins ou les dysfonctionnements des mécanismes de solidarité.

Le Parti national britannique (*British National Party*, BNP) relève également de cette première famille, parvenant au néopopulisme depuis l'extrême droite. Explicitement raciste lors de sa création, en 1982, le *British National Party* n'avait quasiment aucune existence électorale, faute de candidats et faute d'électeurs. Entre 1982 et 1993, il ne parvient à faire élire qu'un seul et unique conseiller municipal, dans la banlieue de Londres, et encore ce siège n'est-il conservé qu'une année. Le BNP opère sa mue à partir de 1999, sous l'impulsion de Nick Griffin. La doctrine est significativement réorientée vers la défense de l'identité nationale, dans le cadre de ce que Griffin nomme un « ethno-nationalisme » au nom duquel il dénonce l'immigration. Entre 2001 et 2010, le nombre de candidats présentés par le BNP aux élections législatives passe de 33 à 339 et le nombre de suffrages est multiplié par dix (de 47 129 à 563 743), soit 1,9 % des voix en 2010, ce qui est le meilleur score depuis la naissance de ce parti en 1982. Les progrès paraissent modestes, mais ils sont notables. Le BNP a contre lui un mode de scrutin infranchissable, le scrutin majoritaire à un tour. Griffin souffre de la concurrence du parti antieuropéen, le UKIP, qui a rassemblé 3,1 % des suffrages en 2010, soit son meilleur score. Lors des élections européennes de 2004, au scrutin proportionnel, le BNP obtient 4,9 % des suffrages tandis que le UKIP atteint 16,1 %. Même si l'on tempère ces performances par le taux d'abstention (62 %), il n'en demeure pas moins que ces partis affirment peu à peu leur présence. Ce d'autant plus que, localement, le BNP obtient parfois des résultats plus substantiels. Ainsi, lors des législatives de 2001, dans le nord de l'Angleterre, il réunit 11,5 % des suffrages dans une ville, Bumley, qui avait été marquée par de violents affrontements interethniques. Dans cette même ville, lors des élections municipales de mai 2002, le BNP fait élire 3 conseillers municipaux.

Le 3 mars 2011, une élection législative partielle a eu lieu, à Barnsley Central, dans le South Yorkshire. Les résultats ont révélé l'existence d'un mécanisme de transfert des voix favorable à la droite populiste mais fatal aux candidats de la droite de gouvernement au pouvoir depuis mai 2010. Le siège était resté travailliste lors des dernières élections générales. Il a été remis en jeu en raison de la démission du député sortant, accusé de malhonnêteté. Le 3 mars 2011, le siège est resté travailliste, le nouveau candidat réalisant même une progression (de 47,3 % à 60,8 %) sur fond d'abstention massive (près de 75 %). Le UKIP est passé de 4,7 %, en 2010, à 12,2 %, obtenant la deuxième place, devant le Parti conservateur (chutant lourdement de 17,3 % à 8,3 %), talonné par le BNP (6 %, contre 8,9 % en mai 2010). Le parti Libéral Démocrate, formant la coalition gouvernementale avec les Conservateurs, s'est effondré, passant de 17,3 % à 4,2 % des suffrages. On peut donc observer ici un cas où l'échec de la droite de gouvernement profite largement à la droite populiste. La concurrence entre le UKIP et le BNP se solde par un net avantage au UKIP, mais la droite populiste se renforce dans son ensemble : le total des deux partis populistes progresse nettement entre mai 2010 (13,9 %) et mars 2011 (18,2 %).

Le populisme qui a le vent en poupe est de type patrimonial. Il affirme pouvoir défendre la prospérité et l'identité d'un peuple, d'une nation, menacées par l'Europe, par l'immigration musulmane et le multiculturalisme qu'elle engendre. Ce n'est pas l'immigration en tant que telle qui est pointée, mais l'immigration musulmane, car c'est elle qui est la source d'une hétérogénéité culturelle jugée déstabilisante et incompatible. Le populisme identitaire est un antimulticulturalisme et un anti-islamisme. Il peut parfaitement se combiner avec une adhésion à la globalisation. C'est en ce sens qu'il dispose d'un potentiel de croissance très élevé. Le populisme des pays de l'Europe du Nord combine ces deux éléments : oui à la globalisation, non à l'immigration ; voire oui à l'immigration, non à l'islam. Sur le plan électoral, il séduit plus largement parce que le point d'accord se fait sur l'idée d'un refus de l'islam au nom de l'identité culturelle du pays et des valeurs de la démocratie libérale. Nul besoin, ici, de remettre en cause l'économie de marché ni de s'engager sur les chemins incertains de la lutte des classes de la révolution socialiste ou du racisme biologique de la révolution nationale. Le procès du capitalisme susciterait le scepticisme d'un bon nombre d'électeurs par ailleurs sensibles à la revendication identitaire. Il suffit d'exprimer son hostilité au multiculturalisme au nom de valeurs conservatrices ou au nom de valeurs libérales et progressistes : égalité des sexes, liberté d'opinion, laïcité, liberté sexuelle, etc.

### Le populisme de séparation

Dans certains pays, le ressort identitaire donne lieu à un populisme de séparation. L'apparition du populisme de séparation peut être considérée comme une variante de la conversion des droites racistes au populisme patrimonial. Les populismes séparatistes flamand, espagnol, italien ou écossais possèdent leurs revendications particularistes, mais ils ont des traits communs avec le populisme patrimonial, notamment lorsqu'ils combinent la défense identitaire et la xénophobie avec le refus des mécanismes de redistribution et de solidarité. Le schéma du populisme séparatiste est partout le même. Pour les nationalistes flamands, le sud du pays, désindustrialisé et appauvri, est devenu une région assistée. Les Flamands fustigent d'autant plus les transferts de ressources publiques de la Flandre vers la Wallonie que ceux-ci se font au nom de la justice sociale, tandis que beaucoup de Flamands portent sur les Wallons un regard sévère, proche d'une forme de xénophobie, voire de racisme. Il en va de même pour les séparatistes de la Ligue du Nord, d'Umberto Bossi, en Italie. Née en 1989 par l'union de la Ligue lombarde et de la Ligue vénitienne, la Ligue du Nord milite pour une Italie fédérale et exige l'arrêt des mécanismes de redistribution financière entre les différentes régions. Pour la Ligue, ce sont les impôts du Nord qui assurent le financement des Italiens du Sud, présentés comme des tire-au-flanc ou des incapables vivant aux crochets des plus travailleurs. Les résultats aux élections législatives étant calculés nationalement, ils sont moins significatifs pour la Ligue du Nord en raison de son ancrage régional. Après les succès de 1994 (8,3 %) et de 1996 (10 %), on relève un effondrement en 2001 (3,9 %), puis une remontée en 2006 (4,6 %), confirmée à l'occasion des législatives de 2008 (8,3 %). Les élections régionales sont au moins aussi significatives. En 2010, la Ligue a remporté 14,9 % des suffrages, en moyenne, dans les 8 régions où elle présentait des candidats.

En Belgique, un parti séparatiste flamand, xénophobe et raciste, héritier d'une tradition d'extrême droite, s'est constitué en 1978 sous le nom de *Vlaams Block*. Il est devenu le *Vlaams Belang* en 2004. Identitaire, le *Vlaams Belang* se présente comme le protecteur de la langue et de la culture flamandes. Ses thèmes de prédilection sont le rejet de l'immigration et la lutte contre la délinquance. Son slogan « Flandres vivables » est directement repris du parti hollandais d'extrême droite

*Leefbaar Nederland* qui défend des « Pays-Bas vivables ». Mais le *Vlaams Belang* ajoute à ce premier thème celui du refus de poursuivre avec les Wallons une cohabitation jugée défavorable aux Flamands. Les Wallons, qui seraient moins capables et moins dynamiques, sont accusés d'être les profiteurs d'un système social principalement financé par les Flamands. Particulièrement agressif et virulent, le *Vlaams Belang* est porteur d'un projet séparatiste. Il milite pour une Flandre indépendante. Aux élections législatives, le *Vlaams Belang*, ou avant lui le *Vlaams Block*, a été en progression constante entre 1978 (1,3 %) et 2007 (12 %), avant de subir un recul en 2010 (7,8 %). Le *Vlaams Belang* aujourd'hui, comme le *Vlaams Block* hier, peut cependant atteindre des scores très supérieurs au niveau municipal, comme on a pu le voir en 2006, avec un résultat moyen de 15,3 % et des succès parfois spectaculaires, comme à Anvers (33,5 %).

Ce populisme séparatiste tend à se répandre dans les pays dont l'organisation est fondée sur des entités régionales dotées de pouvoirs significatifs. L'Espagne est aussi pour cela une sorte de laboratoire à suivre de près. Au Pays basque comme en Catalogne, plus souvent qu'autrefois, on dénonce le système des péréquations qui contraint les régions les plus riches à participer au financement des régions moins prospères que sont l'Andalousie, la Castille ou l'Estrémadure. Là encore, le reproche fait au gouvernement national est d'organiser une redistribution injuste, au détriment des plus actifs et en faveur des paresseux ou des profiteurs. L'exigence d'homogénéité commande le refus de l'immigré musulman, que l'on veut rejeter à l'extérieur, mais elle commande tout autant le refus, à l'intérieur, de celui que l'on ne reconnaît plus comme un compatriote et dont on souhaite se séparer.

## Permanence d'un populisme d'extrême droite

L'extrême droite pure n'a pas pour autant disparu. Elle est présente avec une force particulière dans les pays postcommunistes. En témoigne la formation bulgare *Ataka*, ou « attaque », née en 2005. *Ataka* est un parti d'extrême droite, développant un discours identitaire de défense des valeurs de la Bulgarie représentées par le christianisme orthodoxe et l'identité slave. *Ataka* possède tous les attributs du parti populiste : dénonciation de l'étranger, des élites, de la délinquance, des traités européens et de l'immigration. Mais c'est un populisme d'extrême droite par son contenu antisémite, antitzigane et violemment antiturc. L'année de sa création, en 2005, *Ataka* a réuni 8,1 % des suffrages exprimés, faisant élire 21 députés. Lors des élections législatives suivantes, en 2009, ce parti xénophobe réunissait 9,3 % des suffrages. La performance électorale la plus spectaculaire pour ce parti reste à ce jour le score de son fondateur, Volen Siderov, qui propose de « faire du savon avec les Roms[1] », réunissant 21,5 % des suffrages exprimés au premier tour de l'élection présidentielle du 22 octobre 2006. Largement distancé par son

1. *Le Monde diplomatique*, 29 juillet 2010.

concurrent, le président socialiste sortant Georgi Parvanov (64 %), un second tour est cependant nécessaire en raison d'un taux de participation (42,5 %) inférieur au seuil requis de 50 %. Parvanov est nettement réélu (75 %). Les commentateurs ont parlé d'un « 21 avril bulgare », peut-être aidé en cela par l'admiration que porte le chef d'*Ataka*, Volen Siderov, à Jean-Marie Le Pen.

Le SNS slovaque a son pendant hongrois, l'Alliance des Jeunes de Droite-Mouvement pour une meilleure Hongrie, le *Jobbik* (*Jobboldali Ifjúsági Közösség-Jobbik Magyarországért Mozgalom, Jobbik*). Parti d'extrême droite né en 2003, le *Jobbik* est un mouvement identitaire, exaltant la culture hongroise à travers la défense des valeurs censées la composer : le christianisme, la famille et l'autorité, à quoi s'ajoutent la protection de l'environnement, la défense de l'agriculture et la dénonciation du déclin démographique du pays. Anticommuniste et antilibéral, hostile à l'Europe, le *Jobbik* promeut un discours agressif, fondé sur la dénonciation de la délinquance et une xénophobie anti-Roms volontiers antisémite. Le *Jobbik* est devenu la troisième force politique du pays lors des élections législatives de 2010 (16,6 %).

## De la droite libérale au populisme patrimonial

Un second chemin amène des individus ou des partis politiques de la droite de gouvernement, conservatrice et libérale, à rallier le populisme patrimonial : le Parti du progrès norvégien, l'UDC suisse, le FPÖ autrichien, le Laos grec et le Parti pour la liberté de Geert Wilders. Le Parti du progrès de Norvège (*Fremskrittpartiet*, FrP) est né en 1973 dans le cadre d'une opposition féroce à la social-démocratie alors ultradominante, dénonçant la pression fiscale et l'interventionnisme de l'Etat. Le Parti du progrès affirme sur le plan économique un franc libéralisme accompagné d'un conservatisme social. Il milite en faveur de la baisse des impôts, de la libre concurrence et de la décentralisation. Depuis quelques années, il a également pris en charge le thème de l'immigration et de la délinquance, militant pour des politiques plus strictes, fondées sur la limitation de l'immigration aux titulaires d'un emploi qui acceptent de s'intégrer, notamment en apprenant rapidement le norvégien. Les statistiques norvégiennes des crimes et délits autorisant de connaître l'origine des délinquants, le Parti du progrès réclame leur expulsion dans le cas où ils sont d'origine étrangère. Atlantiste et pro-israélien, il est la seule formation politique norvégienne à avoir soutenu l'invasion militaire de l'Irak. Son leader, Mme Siv Jensen, se réclame explicitement du reaganisme et du thatchérisme[1]. Par bien des aspects, son discours fait penser à la doctrine du mouvement américain du *Tea Party*, notamment lorsqu'elle déclare : « La lutte contre l'interventionnisme de l'Etat est essentielle pour rendre le pouvoir au peuple. Le gouvernement limité, c'est

1. Cf. son discours lors du dîner d'hommage à Ronald Reagan, à Washington, le 27 août 2010, où elle a notamment déclaré : « Je suis fière de dire ici que je suis une reaganienne et une thatchérienne. »

aussi une question de respect : le respect des décisions prises par le peuple[1]. » Sur le plan électoral, le Parti du progrès a réalisé des résultats très incertains depuis sa création, en 1973 (5 %), jusqu'en 1993 (6,3 %). Comme partout en Europe, la fin des années 90 marque le début d'une poussée spectaculaire (15,3 % en 1997). Les élections municipales de 1999 sont un succès, renforcé par celles de 2003 et confirmé par les élections législatives de 2005 (22,1 %, avec 38 sièges) comme celles de 2009 (23 %, 41 sièges) qui font du Parti du progrès le deuxième parti de la vie politique finlandaise et le premier de l'opposition.

L'UDC suisse (Union démocratique du centre) est née en 1971 d'une fusion de partis appartenant à la tradition de la droite agrarienne et conservatrice. A partir des années 90, sous l'impulsion de Christoph Blocher, issu de l'extrême droite raciste, l'UDC se déploie pour devenir rapidement l'un des partis politiques les plus importants de Suisse. Son premier fait d'armes est son implication très active contre l'adhésion de la Suisse à l'Espace économique européen lors du référendum de 1992. Ce fut pour elle un succès historique. Lancée sur le refus de l'Union européenne, l'UDC développe ensuite les thèmes de sa doctrine : le refus de l'immigration, la critique appuyée de l'islam et de la pression fiscale engendrée par un Etat ventripotent. Les progrès de l'UDC sont spectaculaires : depuis la création de l'UDC, en 1971, jusqu'à la veille du référendum sur l'adhésion à l'Union, en 1992, l'UDC rassemble autour

1. *Ibid.* Discours prononcé en anglais, traduction personnelle.

de 11 % des suffrages lors des élections du conseil national ; du rejet de l'Europe en 1992 jusqu'aujourd'hui, l'UDC progresse à une vitesse impressionnante pour finir en tête de tous les partis politiques suisses : en 1995 (15 %), en 1999 (22,5 %), en 1999 (22,5 %), en 2003 (26,7 %) et en 2007 (28,9 %).

Le Parti libéral d'Autriche (*Freiheitliche Partei Österreichs*, FPÖ) fournit un second exemple de ce mouvement depuis la droite de gouvernement vers la droite populiste. Fondé en 1955, le FPÖ est à l'origine un parti de type libéral. Il participe à deux coalitions gouvernementales avec le Parti social-démocrate (SPÖ). En 1983, les élections législatives enregistrent un recul historique des sociaux-démocrates qui perdent la majorité absolue pour la première fois depuis la fin de la Seconde Guerre mondiale. S'il demeure le premier parti d'Autriche, le SPÖ doit cependant s'allier pour pouvoir gouverner. C'est dans ce contexte de déclin de la social-démocratie que Fred Sinowatz, qui succédera à Bruno Kreisky à la présidence du Parti social-démocrate, forme une coalition avec le FPÖ. La période du gouvernement de coalition Sinowatz (1983-1986) est dominée par les polémiques sur le passé nazi de l'Autriche. Une première crise a lieu à la suite d'une rencontre en Italie entre le ministre FPÖ de la Défense et l'ancien criminel de guerre autrichien, Walter Reder ; pendant la campagne présidentielle de 1986, une nouvelle crise éclate, plus spectaculaire encore, révélant le passé nazi du candidat Kurt Waldheim. Cette crise va fortement marquer le climat politique et médiatique de l'Autriche. L'élection de Waldheim en juin 1986 provoque la démission de Sinowatz qui s'était vigoureusement opposé à lui pendant la campagne. Sinowatz est remplacé par Franz Vranitzky qui devient chancelier, prolongeant la coalition SPÖ/FPÖ.

En septembre 1986, Jörg Haider parvient à ravir la présidence du FPÖ, lui donnant aussitôt une orientation populiste contraignant le chancelier Vranitzky à mettre un terme à la coalition et à provoquer des élections anticipées (novembre 1986). La sortie du gouvernement et l'arrivée de Haider dopent le FPÖ qui obtient 9,7 % des suffrages exprimés. La progression est forte par rapport aux élections de 1983 (5 %). Le FPÖ réalise alors son meilleur score depuis 1956. Après son orientation populiste, le FPÖ va connaître une ascension fulgurante : en 1990 (16,6 %), en 1994 (22,5 %), en 1995 (21,9 %) et enfin en 1999 où il réalise son meilleur score (26,9 %), remportant 52 sièges de députés (sur 183). Les résultats suivants ne seront moins importants qu'en apparence puisqu'ils s'expliquent par le départ de Haider et la création du BZÖ, divisant en deux l'électorat populiste. Mais depuis la disparition de Haider, la réunification semble en cours, sous l'égide du FPÖ. Ainsi, le 10 octobre 2010, le parti populiste FPÖ a fortement progressé lors des élections municipales de Vienne (27 %), progressant de 12 points par rapport au précédent scrutin. La droite de gouvernement, l'ÖVP, semble laminée, tombant à 13 %. Si les sociaux-démocrates du SPÖ (45 %) demeurent le premier parti de la ville, ils n'y disposent plus de la majorité absolue. Les élections municipales de Vienne de 2010 montrent que les progrès de la droite populiste peuvent se faire aux dépens de tous les partis de gouvernement et pas seulement des partis de droite. Les résultats montrent que le FPÖ a largement bénéficié de nouveaux électeurs venus de la social-démocratie. Pour le FPÖ, la conversion populiste a été particulièrement bénéfique.

Le Laos, en Grèce, a été fondé en 2000 par Georgios Karatzaferis, quelques semaines après avoir été exclu de la droite de gouvernement, la Nouvelle démocratie, le parti de la famille Caramenlis. Le Laos développe un discours où l'on retrouve la plupart des points qui caractérisent le populisme patrimonial, même si l'on doit noter, dans le cas du Laos, la permanence d'éléments empruntés à l'extrême droite classique : une dénonciation virulente de l'immigration, sur fond de discours agressif de type nationaliste; un antifiscalisme avec la revendication d'une exonération de l'impôt sur le revenu des classes populaires et des classes moyennes – les ménages dont le revenu annuel est inférieur à 15 000 euros – et d'une diminution drastique de l'impôt sur les sociétés; la dénonciation de la corruption des élites et de leurs pratiques népotistes; la dénonciation de l'Europe, non seulement de sa bureaucratie, thème inévitable, mais aussi de l'ultralibéralisme et de la culture apatride dont elle serait à la fois l'expression et l'avocate. C'est dans cette forte hostilité à la globalisation et au libéralisme que le Laos grec se démarque du populisme patrimonial, notamment de sa version nordique, pour se rapprocher des populismes, de droite et de gauche, que l'on retrouve dans l'Europe postcommuniste et dont la dynamique est décrite en ces termes par le politologue Ivan Krastev : « Elle est faite de colère, de haine des élites, de flou politique, de désir égalitariste, de conservatisme culturel, d'euroscepticisme doublé d'anticapitalisme, de nationalisme déclaré, de xénophobie latente, et d'autant de rhétorique anticorruption que possible. C'est la version électorale du cocktail Molotov[1]. » Sur le plan électoral, le Laos a réalisé peu après sa création des scores en augmentation rapide avec 2,2 % lors des législatives de 2004, puis 3,8 % lors de celles de 2007 et 5,6 % en 2009, obtenant 15 députés.

1. Ivan Krastev, « Que cache la vague populiste ? », *Le Monde* du 21 juin 2006.

# 5

# Identité et propriété : le double patrimoine

Pour une nation, le fait de se poser la question de l'identité nationale montre que ses membres ont perdu le chemin d'évidence qui les conduisait, jusque-là, à la réponse, ou, plus précisément, qui rendait l'interrogation sans objet. La question de savoir quel est le contenu de l'identité nationale dont chacun est officiellement détenteur ne peut se poser explicitement et collectivement qu'à partir du moment où l'on ne sait plus ce qu'elle recouvre. Mais curieusement, dans ce domaine, ce n'est pas en posant la question que l'on peut trouver la réponse. Il ne s'agit pas d'une demande de renseignement. La connaissance de sa propre nationalité ne relève pas de l'information, de la déduction, de l'explication ou de la conceptualisation. Il n'y a aucune chance que le rappel de quelques événements historiques, presque toujours mythifiés et donc irréels, ou l'exaltation de quelques pièces de littérature soient de nature à combler le vide soudainement révélé par la question. La question de l'identité nationale apparaît quand la réponse ne va plus de soi. L'émergence de la question est le symptôme d'un doute identitaire.

## De l'insécurité identitaire au populisme patrimonial

Une situation d'insécurité identitaire expose les citoyens à la tentation des produits de substitution de type culturel ou cultuel – être français c'est être catholique –, ou de type ethnique – être français c'est être blanc. Or, les formes d'identité nationale qui caractérisent l'Europe se sont précisément construites à distance de tels modèles, voire en les combattant. L'identité nationale qui prévaut en Europe n'a pas de fondement ethnique ni religieux. Le fait que la religion ait joué un rôle majeur dans la formation et l'expression de la culture et de la conscience européennes n'y change rien. Les identités nationales européennes, dont la France est l'une des expressions, se sont édifiées à partir d'une succession d'apports qu'il est impossible de désolidariser les uns des autres. C'est un édifice politique et philosophique qui commence à la Renaissance, avec l'apparition de l'individualisme et de l'idée d'une société ouverte, que traverse l'épreuve des guerres de Religion, avec l'affirmation de la liberté de conscience, du pluralisme, de la tolérance, les théories du contrat social et l'invention d'un Etat libéral protecteur et régulateur, souvent converti à la neutralité religieuse. Chacune des nations européennes affirme enfin un humanisme complet, à travers des voies différentes, tel que notre Révolution a permis de le consacrer par la

Déclaration des droits de l'homme et du citoyen. En France comme dans toute l'Union européenne, l'humanisme juridique et la culture universaliste sont au fondement de l'identité nationale contemporaine. C'est une identité de type politique, si bien que lorsque le doute identitaire favorise le retour d'une conception ethniciste de la nationalité, c'est l'ensemble de cet édifice politique et philosophique qui vacille, concourant paradoxalement à radicaliser le malaise identitaire. Cette culture, au fondement d'une identité de type politique, est en partage dans l'espace européen. Aucune des nations européennes ne s'éloigne de cette configuration culturelle philosophique et politique, tandis que la conception ethniciste situe la source de l'identité aux antipodes logiques du modèle politique libéral et se trouve à l'origine de nos guerres civiles les plus dramatiques et les plus violentes.

La globalisation, le vieillissement démographique et l'immigration sont trois phénomènes qui nourrissent chacun le doute identitaire et dont la conjonction renforce les effets. Des trois, l'immigration paraît le plus puissant parce qu'il est le plus palpable. Dans les perceptions, l'accroissement du nombre d'immigrés est fonction de critères subjectifs de visibilité et d'apparence en dépit de la nationalité réelle des personnes considérées. Le consensus d'hier reposait sur leur relégation dans des quartiers éloignés. Il n'était pas question de les représenter dans le traitement de l'actualité, dans les œuvres télévisuelles, cinématographiques et littéraires. C'est ainsi que les immigrés et les Français issus de l'immigration sont longtemps restés totalement absents de l'espace public. Ce principe d'occultation sélective de la réalité permettait aux Européens d'ignorer ou de feindre d'ignorer l'importance croissante de ces populations. Le phénomène présent d'une visibilité de l'immigration tient sans doute à un effet de nombre, mais il faut rappeler, comme nous l'avons vu, qu'en termes de perception les descendants d'immigrés peuvent être encore souvent regardés comme des immigrés, même si cela ne signifie pas qu'ils sont considérés comme des « étrangers », sauf de la part de ceux qui adhèrent à une définition ethnique de la nationalité, mais qui semblent n'être qu'une petite minorité. La plus grande visibilité de l'immigration tient aussi à l'émergence puis à la montée en puissance de la demande de représentation, portée par un nombre croissant de citoyens issus de l'immigration. Ils reprochent à la société, voire ils l'accusent d'avoir conçu ou laissé se perpétrer des mécanismes de discrimination dont ils seraient les principales victimes, sinon les seules, en raison de la superposition des handicaps sociaux, ethniques, territoriaux, culturels et religieux.

Mais la revendication fondée sur la diversité peut donner lieu à au moins deux types d'interprétation. Dans un premier cas, on réclame le dépassement de cette diversité dans la réalisation d'une égalité des chances permettant d'ouvrir l'accès à toutes les fonctions sociales aux individus qui ne sont ni issus des classes sociales supérieures ni Blancs ni de sexe masculin, etc. C'est une demande d'intégration fondée sur l'appel aux principes d'égalité, de justice, de solidarité, de progrès dont se réclame la société. Dans un second cas, la revendication vise différemment une consécration de la diversité. En lieu et place de la demande d'intégration s'exprime la revendication d'un droit à la singularité identitaire dont l'affirmation, ou pour le moins l'expression, est considérée comme légitime. Il importe de noter que, face à l'affirmation d'un tel modèle, une partie de la société peut avoir le sentiment que les immigrés ou leurs descendants demandent à la société qui les accueille de se transformer pour mieux les accueillir. Ce n'est pas une transformation de fait, constatable, telle que peut le produire le mélange progressif, au fil du temps, imperceptible, de populations vivant ensemble, mais une transformation de droit, presque une réforme, qui est demandée en contrepartie d'une intégration qui devient donc négociée et relative. En ce domaine, la rccherche d'un compromis prend aisément les allures d'une défaite politique puis identitaire que les populistes mettent à profit.

Pourtant, la demande de diversité exprimée en ce sens peut difficilement être jugée irrecevable, d'une part parce qu'elle émane de personnes qui sont des citoyens à part entière et, d'autre part, parce qu'elle prend appui sur des principes qui sont contenus dans le système des valeurs de la société, telles que la liberté individuelle et la liberté d'opinion, ou qui en sont déduits. Mais les progrès d'une représentation de la diversité favorisent, en retour, une plus grande visibilité de l'immigration, puisque la représentation de la diversité libère et promeut l'expression de la différence culturelle dont les aspects les plus saillants se manifestent à travers la religion musulmane, ses rites et ses règles, ses attributs vestimentaires, ses pratiques, ses lieux de prière : ramadan, produits halal, mosquées, voile... Si un multiculturalisme de fait existe depuis longtemps déjà en Europe, le choc politique se produit avec la mise en visibilité du fait multiculturel dans sa dimension religieuse.

### Ce ne sont pas les musulmans qui vont à la prière du vendredi qui empêchent les catholiques d'aller à la messe du dimanche

L'islam inquiète aussi les Européens parce qu'ils y voient une religion vigoureuse par comparaison à la leur, le christianisme, qui semble voué à disparaître. Le développement de l'islam est vécu comme le déclin d'un monde familier, et comme l'évolution d'une histoire dont le terme tragique serait la perte d'identité avec le sentiment de n'être plus chez soi. Ce type de crainte semble jouer un rôle majeur dans le succès du populisme. Pourtant, ce n'est pas la progression de l'islam qui provoque le déclin du christianisme, mais la déchristianisation de l'Europe. Le chrétien ne peut pas ignorer qu'il lui suffit de retrouver le chemin de l'église pour que la vie reprenne comme hier dans les nombreuses paroisses d'Europe. Bien des Européens peuvent redouter le déclin du christianisme, s'inquiéter de la montée de l'islam et invoquer le risque d'un choc identitaire, mais peu d'entre eux sont disposés à redevenir messalisants. C'est ici que la sincérité de la préoccupation pour les questions d'identité, culturelle, cultuelle ou même nationale, mérite d'être mise en doute. Quelle est la nature de la préoccupation identitaire ? S'agit-il de préserver une conviction intime qui ordonne une vie, voire une société, et que menaceraient des convictions concurrentes, ou s'agit-il, de manière plus profane, de conserver un environnement culturel qui participe du bien-être, en réalité matériel, d'une existence ? Ce mode de vie est aussi devenu un élément de l'identité, un patrimoine, quelque chose à soi auquel on est attaché, qui rassure, attribue une place à défaut de donner un sens. En d'autres termes, la mosquée ne met pas en cause les croyances, elle modifie le paysage initial et lui enlève de sa cohérence. Dès lors, la crainte porte autant sur les effets symboliques négatifs qu'un tel édifice est supposé produire sur la valeur d'un patrimoine décidément bien matériel.

L'édition 2008 de *L'Annuaire pontifical* nous apprend que les musulmans représentent 19,2 % des croyants dans le monde et qu'ils forment désormais une communauté de croyants plus nombreuse que la communauté des catholiques (17,4 %), même si les chrétiens toutes tendances confondues, selon la même source, demeurent les plus nombreux (33 %). Comparé au catholicisme européen, l'islam semble plus vigoureux, y compris en Europe où il est présenté comme la « deuxième religion », en une formule retentissante mais qui ne rend pas compte de la différence quantitative qui sépare en Europe les 18 millions de musulmans des 300 millions de catholiques. Pour l'heure, l'islam paraît plus dynamique. Les fidèles sont plus jeunes et semblent un peu plus pratiquants, alors que la population des catholiques tend non seulement à se réduire mais également à vieillir très vite. On peut se demander ce qui restera de ces fidèles dans quelques décennies. Mais, on le voit, ce sont aussi bien de telles idées qui nourrissent l'inquiétude de certains Européens et influencent le regard qu'ils portent sur l'islam. Ce ne sont pourtant pas les musulmans qui vont à la prière du vendredi qui empêchent les catholiques d'aller à la messe du dimanche.

A côté de la baisse de la pratique catholique, il y a la disparition du clergé. Prenons le cas de la France. Selon les statistiques du Service des vocations en France, en 2005, la moyenne d'âge des curés était de 69 ans, et près de la moitié d'entre eux (46%) avaient plus de 75 ans. Entre 1995 et 2005, le contingent des prêtres diocésains est passé de 22 500 à 15 440 et celui des religieux à qui l'on confie la charge d'une paroisse, de 6280 à 5083. En 1995, on comptait 247 séminaristes, ce qui était déjà très peu. En 2005, ils n'étaient plus que 133, dont 16% qui étaient étrangers, des Vietnamiens pour plus de la moitié. Pour compenser ce déficit chronique, l'Eglise fait appel aux laïcs qui viennent soutenir les curés pour certaines tâches, notamment de catéchèse ou pastorale. Mais l'Eglise fait également appel à un clergé venu des pays francophones, outre le Vietnam, tels que les pays d'Afrique noire, comme la République démocratique du Congo. On compte en France plus de 1100 prêtres venus de l'étranger, principalement des pays d'Afrique. Certes, officiellement, ces prêtres ne sont pas destinés à rester. Ils viennent dans le cadre de relations entre les Eglises catholiques du Nord et celles du Sud. Mais inversement, on compte 165 prêtres français en mission dans d'autres pays. L'écart est significatif. On ne comptera pas ici les 3 000 missionnaires membres de congrégations qui évangélisent d'autres pays. On admettra peut-être qu'il ne s'agit nullement d'un phénomène comparable. Notons que parmi les 1 100 prêtres étrangers, 335 sont venus pour faire des études, d'autres pour se soigner, d'autres encore pour fuir une situation d'oppression. On trouve même quelques clandestins[1].

Le déclin du christianisme européen ne s'explique pas uniquement et même pas principalement par le déclin démographique. C'est aussi une question de prise de distance. Si l'on prend le cas de la France, la proportion des Français se déclarant catholiques était de 81 % en 1952, pour 42,4 millions d'habitants, et de 65 % en 2006, pour 62 millions d'habitants. La proportion de catholiques qui assistaient à la messe tous les dimanches en 1952 était de 27 % et elle est de 4,5 % en 2006. Un calcul sommaire permet d'estimer que le nombre des Français se rendant à la messe dominicale est passé, en cinquante ans, de 9,3 millions à 1,8 million.

Peu à peu, le décor change. Des scènes nouvelles se mettent en place. Elles préoccupent les esprits. Ainsi, la baisse rapide de la fréquentation des églises pose le problème de l'entretien des édifices. On compte près de 34 000 églises en France. Beaucoup ont été désertées sans retour imaginable. C'est l'Europe chrétienne qui

1. Cf. *Les Echos* du 19 août 2008.

est en difficulté, et pas seulement en France. En Allemagne aussi, les églises menacent de tomber en ruine. Les associations locales de protection du patrimoine religieux se multiplient. On tente de les sauver en leur assignant une nouvelle mission, comme à Federow, dans ce village du Mecklembourg, où une église du XIIIe siècle n'aurait pu échapper à la ruine si les responsables de la communauté protestante n'avaient pas décidé d'y organiser des manifestations culturelles à destination des touristes : pièces radiophoniques, musique classique, lectures publiques. Une certaine fréquentation est revenue, permettant même de célébrer à nouveau le culte, une fois par mois, après des années d'interruption[1]. A Rostock, la Nikolaikirche est devenue une salle de concerts. A Zernin, l'église est entretenue grâce aux recettes qu'une association locale tire d'une petite centrale électrique alimentée par un panneau solaire installé sur son toit. Mais à Rollenhagen, l'église à été finalement vendue à une société spécialisée dans l'organisation de ce que l'on nomme des « événements ». A Milow, la caisse d'épargne régionale est devenue propriétaire de l'église. Elle y a installé ses activités et elle y reçoit ses clients.

S'il faut défendre un patrimoine immobilier culturel, les ressources publiques ne seront pas disponibles. S'il faut défendre une identité cultuelle, ce n'est pas à l'Etat d'intervenir. Il ne saurait prier à la place des fidèles. Mais il n'est pas sûr que les électeurs du populisme patrimonial soient prêts à devenir les militants de la

1. Cf. Cécile Calla, *Le Monde* du 17 septembre 2008, art. cité.

cause identitaire. Il faudrait pouvoir inverser le cours de l'histoire et ils pressentent qu'ils ne le peuvent pas, voire, tout bien considéré, qu'ils ne le veulent pas – ils n'imaginent pas, par exemple, se rendre à la messe le dimanche. Ils veulent plus sûrement protéger leur niveau de vie et leur mode de vie. De même, ils ne sont pas moins attachés à la protection de leur patrimoine réel, par exemple la valeur de leur bien immobilier, que de leur patrimoine identitaire, *a fortiori* s'il est présenté sous la forme d'une identité «nationale» qui est trop collective et théorique pour convaincre l'esprit ou toucher le cœur de ces électeurs. De même qu'ils délaissent les partis politiques pour les associations, de même ils préfèrent l'engagement pour un but particulier plutôt qu'en faveur d'une cause générale. De la même façon, le projet de se protéger soi-même et de se retrouver chez soi avec les siens est plus accessible et mobilisateur que celui de protéger toute une nation et de se retrouver dans un peuple.

## L'ESPRIT *HEIMAT* ET L'AVENIR MUNICIPAL DU POPULISME

*Heimat* est un mot allemand. On considère qu'il n'existe pas d'équivalent strict. La *heimat* évoque l'appartenance à un lieu, une origine, mais cette appartenance se manifeste sous la forme du sentiment, de l'affect. Ce n'est pas la nation, il n'y a ni drapeau ni Constitution, c'est un pays. Ce n'est pas une capitale mais la province, ce n'est pas l'idée d'une ville mais l'idée d'un village. Il y a dans la *heimat* une évocation intime et heureuse de ses origines référées à un lieu, associées à un décor. La *heimat* c'est le lieu d'où l'on vient et où l'on se sent bien, comme l'on peut « se sentir bien chez soi » dans un sentiment de sécurité et de bien-être. L'idée de la *heimat* est particulièrement appropriée à la description d'un nouvel état d'esprit qui semble gagner en importance dans l'Europe actuelle. Cet esprit *heimat* résulte d'une combinaison du vieillissement démographique avec la déstabilisation psychologique et politique que provoquent les changements du monde, de la peur de ne pas comprendre et de la crainte de perdre ce qui était considéré comme acquis, une appartenance, un paysage familier, une façon de vivre autant qu'un confort de vie.

L'attachement aux deux types de propriété promet au populisme patrimonial un bel avenir au niveau communal. Les enjeux locaux ont souvent de lourdes implications sur la vie quotidienne des citoyens : l'urbanisme, l'attribution des permis de construire, le logement, l'école, la fiscalité, la sécurité, la culture locale, les traditions sont des enjeux fortement influencés par la politique d'une ville. Un précédent nous est fourni par le parti communiste. En France et en Italie, si le parti communiste n'a jamais réussi véritablement à gouverner au plan national, il a, en revanche, longuement dirigé au niveau local, prenant la tête de nombreuses villes et parfois pendant de nombreuses années. On a parlé d'un « communisme municipal » pour qualifier cette expérience du pouvoir singulière mais réelle qui fut celle des communistes français et italiens, et où les électeurs, en un partage des tâches et des rôles, confiaient le pouvoir national à des partis de gouvernement et le pouvoir local à des partis qui se disaient antisystème. Demain, de la même façon, on ne verra pas nécessairement dans tel pays européen une majorité parlementaire basculer en faveur des partis populistes, mais plus aisément de nombreux pouvoirs locaux tomber dans l'escarcelle de ces formations. Les villes sont des lieux de pouvoir, elles peuvent engager des moyens financiers et humains, elles permettent d'entretenir des clientèles électorales, et les décisions qu'elles ont à prendre sont moins impopulaires que celles d'un gouvernement. En d'autres termes, les partis populistes ont tout intérêt à partir à l'assaut des pouvoirs locaux, inscrivant ainsi dans la durée leur succès, plutôt que de viser un hypothétique Grand Soir. En France, s'il paraît à ce jour impossible d'assister à une prochaine victoire du Front national lors d'une élection nationale majeure, il est en revanche plus probable qu'il y ait bientôt une sorte de « frontisme municipal ». L'avenir du populisme se jouera peut-être avant tout au niveau local.

De jeunes retraités quittent les centres-ville et gagnent ou regagnent des territoires ruraux qu'ils repeuplent. Leur arrivée peut modifier l'équilibre politique du lieu : ils tiennent à la préservation de leur environnement, ils sont attentifs à écarter tout ce qui pourrait l'altérer. La durée imaginée de leur temps de retraite contribue peut-être à créer cette nouvelle susceptibilité. Plus jeunes, ces retraités sont aussi de mieux en mieux formés. Grands usagers des outils de communication, ils connaissent les rouages de l'engagement militant, ou se les approprient rapidement. Ils participent plus volontiers aux réunions publiques, se rencontrent, prennent la parole, s'engagent et sont capables de mobiliser des troupes contre un projet d'aménagement ou de construction au nom de l'environnement, au nom du patrimoine historique, au nom de la beauté d'un site, au nom des traditions. Les élus locaux en témoignent volontiers. L'expansion d'un groupe social de retraités, en pleine possession de leurs moyens et au fait de tout, très attachés à la conservation de leur patrimoine, peut produire des militants de la démocratie locale, des méthodes participatives et du référendum qu'ils apprécient particulièrement, et dont les partis populistes réclament de plus en plus souvent l'introduction, à l'image de la Suisse qui est en passe, sur ce point, de devenir une référence européenne[1].

Le 26 novembre 2009, par la voie de l'initiative populaire, les Suisses ont décidé d'organiser un référendum soumettant aux citoyens la proposition d'interdire la construction des minarets dans le pays. Les derniers sondages annonçaient le rejet de la proposition par une majorité de 53 %. La proposition est pourtant largement approuvée (57,5 %) et la majorité est atteinte dans 22 des 26 cantons, mais dans le cadre habituel d'une abstention toujours majoritaire (53,4 %) et plus limitée que d'habitude. La votation populaire conduit à une modification de la Constitution helvétique, et plus particulière-

1. Cf. Oscar Mazzoleni et Damir Skenderovic, « The Rise and Impact of the Swiss People's Party : Challenging the Rules of Governance in Switzerland », in Pascal Delwit et Philippe Poirier (dir.), *Extrême droite et pouvoir en Europe. The Extreme Right Parties and Power in Europe*, Éditions de l'Université de Bruxelles, 2007, p. 85-116.

ment de son article 72 qui organise les relations entre l'Etat et les religions afin « de maintenir la paix entre les membres des diverses communautés religieuses ». Tous les partis avaient appelé à rejeter la proposition, à l'exception de l'UDC et de l'UDF (Union démocratique fédérale, représentant la droite évangélique) qui avaient ensemble déposé l'initiative populaire fédérale le 8 juillet 2008 – qui avait été jugée recevable par le Parlement et le Conseil fédéral en mars 2009.

L'initiative revient tout particulièrement au leader valaisan Oskar Freysinger. Deux jours avant le scrutin, il s'en explique au *Figaro*, en mêlant deux types d'argumentation parfaitement emblématique du populisme patrimonial, associant la volonté de défendre les valeurs libérales à la dénonciation d'une religion étrangère : « Nous pensons que le minaret est le symbole d'une revendication de pouvoir qui, au nom d'une pseudo-liberté religieuse, conteste les droits fondamentaux comme l'égalité des sexes devant la loi par exemple. Le minaret est aussi le reflet de la domination de l'islam[1]. »

Dans un pays dont la Constitution commence par ces mots « Au nom de Dieu Tout-Puissant ! », Oskar Freysinger assure vouloir défendre la laïcité : « La société civile a voulu poser des limites. Car les élites sont complètement déconnectées du réel. Il fallait donner un signal fort avant que ça ne devienne comme en Grande-Bretagne ou en France. L'Etat laïque a de plus en plus de mal à s'imposer, en Suisse comme ailleurs[2]. »

1. *Le Figaro* du 27 mars 2009.
2. *Le Figaro* du 1er décembre 2009.

De même, il assure vouloir empêcher l'avènement du multiculturalisme qu'engendrerait, si l'on n'y prenait garde, la présence sur le sol européen de l'islam considéré par nature potentiellement incompatible : « L'islam est une religion qui ne fait pas de distinction entre l'Eglise et l'Etat. On pourrait la qualifier de religion politique. Dans certains pays européens, cela débouche sur des exigences de législation parallèle. Nous ne voulons pas de ça en Suisse. En s'en prenant au minaret, qui est un symbole de pouvoir, notre initiative entendait placer un garde-fou avant que la situation ne devienne irréversible[1]. » Mais, témoignage de cette tendance très nette du populisme patrimonial à prendre ses distances avec l'extrême droite raciste classique, il assure que « ce vote n'est pas antimusulmans. Nous avons toujours été clairs : nous n'exigeons pas l'assimilation des musulmans, mais leur intégration. Nous ne nous attaquons pas aux lieux de culte, à la liberté de religion, ni à ses aspects sacrés, comme l'avaient fait les caricaturistes danois[2]. »

Enfin, la mise en cause de la responsabilité politique, intellectuelle et médiatique des élites, auxquelles il reproche de n'avoir pas autorisé le débat sur de telles questions, est, comme ailleurs, l'un des points forts de l'argumentation : « J'ai osé dire que l'immigration massive et incontrôlée est un danger pour la cohésion sociale. Qu'être suisse, c'est une question de valeurs et que ceux qui refusent ces valeurs n'ont rien à faire chez nous, écrit-il sur son site Internet. Ce qui m'a donné la

1. *Ibid.*
2. *Ibid.*

force de tenir la dragée haute à tous les bien-pensants gauchistes et moralisateurs béats, ces dernières années, c'est avant tout le sentiment d'avoir une mission à accomplir. Cette mission consiste à être une voix discordante dans l'harmonie trop parfaite du consensus mou[1]. » Devant les critiques, particulièrement maladroites, mettant en avant le risque qu'un tel référendum peut faire courir aux Suisses sur le plan de leur sécurité comme sur le plan de leurs intérêts économiques, Freysinger réalise cette inversion devenue habituelle par laquelle les populistes d'aujourd'hui utilisent la référence à la Seconde Guerre mondiale pour se placer dans le camp des résistants, ce qui leur permet de se décaler par rapport à l'extrême droite classique, et par voie de conséquence d'élargir leurs bases électorales : « Alors il faudrait se coucher pour vivre en paix ? C'est ce que Chamberlain et Daladier ont pensé à Munich en 1938... Si les conséquences sont telles, c'est la preuve que ce que nous faisons pour nous défendre est légitime[2]. »

La perspective d'un appel du gouvernement suisse auprès de la Cour européenne des Droits de l'homme a été évoquée, notamment par les écologistes. Mais s'il aboutissait, cet appel pourrait se retourner contre ses initiateurs et relancer le populisme comme on le comprend à la réaction de Freysinger : « Cette même Cour européenne qui a banni les crucifix des écoles italiennes ? Elle ne peut tout de même pas faire deux poids,

1. Texte extrait du site d'Oskar Freysinger, cité par *Le Figaro* du 1er décembre 2009.
2. *Ibid.*

deux mesures ! Et puis les Suisses ne le supporteraient pas[1] ! »

En Autriche, l'extrême droite, du FPÖ ou du BZÖ, a remporté de nombreux succès locaux, et pas seulement en Carinthie, qui fut la patrie de Jörg Haider (45,5 % des suffrages lors des élections régionales de mars 2009), mais aussi à Salzbourg où le FPÖ a doublé en 2009 (13 %) son score de 2004 ; à Vorarlberg où il rassemble un peu plus de 25 % des suffrages exprimés, progressant de 12 points par rapport à 2004 ; en Haute-Autriche, où le FPÖ progresse en 2009 (15,2 %) de 7 points par rapport à 2003, un score auquel il faudrait ajouter le score de son rival, le BZÖ (2,8 %). Notons que, en 2009, lors des élections locales, la campagne du FPÖ avait mis l'accent sur la peur de l'immigration et de l'islam, affirmant que dans moins d'un demi-siècle la population de Vorarlberg deviendrait majoritairement musulmane. C'est l'une des campagnes confiées à l'agence de communication *Goal*, propriété du leader de l'UDC suisse. En Suède, lors des élections municipales de 2006, les populistes des Démocrates de Suède ont fait élire 281 conseillers municipaux dans 144 communes et 16 conseillers généraux dans 3 conseils généraux. Au Danemark, le Parti du peuple danois a connu des succès importants aux élections municipales et aux élections régionales de novembre 2009 avec des dizaines de nouveaux élus locaux. En Italie, la Ligue du Nord, populiste et xénophobe, gouverne ainsi de nombreuses communes et provinces, seule ou dans le cadre de coali-

1. *Ibid.*

tions locales. En Norvège, les populistes du Parti du progrès réalisent leur première percée spectaculaire aux élections municipales de 1990, lorsqu'ils s'emparent de la mairie d'Oslo, qu'ils ne conserveront cependant qu'une année. Le Parti du progrès renoue avec le succès local lors des élections municipales de 1999 que confirment cette fois les municipales de 2003 permettant au Parti populiste norvégien de faire élire 13 maires et de nombreux conseillers municipaux. Fait significatif, en 2003, si le Parti du progrès s'accroît électoralement partout, par rapport aux municipales de 1999, sa progression est plus forte encore dans les villes conquises en 1999, ce qui est la marque d'un enracinement. Aux Pays-Bas, l'extrême droite peut s'exprimer plus fortement au plan local, comme à Rotterdam où le *Leefbaar Rotterdam*, «Rotterdam vivable», a recueilli un tiers des voix en 2002 (34%) et en 2006 (30%). En Belgique, le *Vlaams Belang* aujourd'hui, comme le *Vlaams Block* hier, peut atteindre des scores très élevés au niveau municipal, ainsi qu'on a pu le voir en 2006, avec une moyenne de 15,3%, dont 33,5% à Anvers. De même, si le Front national belge est malheureux aux élections nationales, il a été capable de réaliser des scores situés entre 8% et 10% lors de ces mêmes élections municipales de 2006.

Tous ces mandats locaux constituent une manne financière pour les mouvements populistes. Ils accèdent aux financements publics destinés aux partis politiques. Ils ont la possibilité d'offrir des places éligibles à leurs meilleurs militants. Capacités financières, pouvoir de décision, mandats, emplois municipaux, les succès locaux drainent des ressources importantes vers les partis populistes.

# 6

# Nos démocraties à l'épreuve du populisme

Entre la fin de la Seconde Guerre mondiale et les chocs pétroliers des années 70, les démocraties européennes combinaient l'expansion et le rajeunissement du corps électoral. L'expansion était obtenue par le droit de vote accordé aux femmes, le rajeunissement, par l'importance numérique des nouvelles générations dans la population totale. Cette démocratisation des sociétés s'accompagnait d'un cycle exceptionnel de croissance économique – les Trente Glorieuses. Le conflit politique portait principalement sur la répartition des fruits de la prospérité. A partir du début des années 80, une nouvelle période commence, associant le vieillissement du corps électoral, malgré l'abaissement de l'âge d'accès à la citoyenneté de 21 à 18 ans, et un cycle économique de croissance plus faible, ou plus erratique, avec des phases de stagnation, voire de récession. La raréfaction des ressources disponibles modifiait l'objet du conflit politique, laissant place à des querelles de partage de ressources en contraction.

La première époque – démocratisation, prospérité et

jeunesse de la population – est celle du triomphe des partis de gouvernement, porteurs de programmes d'action ambitieux et animés par des cadres qui aspirent aux responsabilités publiques. Ces partis soutiennent efficacement les gouvernements que dirigent des élites politiques jugées compétentes. Ces dernières disposent alors des moyens et de la méthode leur permettant de répondre favorablement aux sollicitations électorales de leurs populations, notamment aux demandes de progrès social. La seconde époque – stagnation démocratique, économique et démographique – est, à l'inverse, dominée par la crise des partis de gouvernement. Leurs programmes deviennent austères, on les dit réalistes. Les mesures à prendre sont plus souvent désagréables, sinon douloureuses. La confiance dans leurs dirigeants faiblit et parfois s'effondre. On les soupçonne d'incompétence, d'indifférence, voire de cupidité et de malhonnêteté. Pour ne pas affronter la défiance du public, ou pour en retarder l'épreuve, certains responsables politiques, notamment en France, ont tenté de prolonger l'âge d'or des gouvernements démocratiques par l'artifice de l'emprunt systématique, permettant un quart de siècle de répit relatif dont la crise financière de l'année 2008 a signifié la fin. Cette seconde époque met à rude épreuve les partis de gouvernement. Les difficultés qu'ils rencontrent exaspèrent les citoyens. Les électeurs s'impatientent. Ils réclament de nouveaux progrès qu'ils ne voient pas venir, malgré les engagements qui ont été pris. Ils deviennent soupçonneux. Pour certains, les gouvernants sont incompétents, incapables, pour d'autres, c'est le régime qui n'est plus démocratique ou qui ne l'est pas véritablement, puisque le vote ne permet pas aux citoyens d'orienter la décision publique. L'époque favorise les protestations, l'expression des récriminations, des colères, la mise en cause des élites dont la faillite semble attestée par le nouvel état des choses. La dénonciation véhémente prend le pas sur la construction d'un programme de gouvernement. Les partis populistes arrivent sur le devant de la scène.

## Par-delà la droite et la gauche ?

A l'ancienne polarisation opposant la droite à la gauche, les populistes substituent une polarisation opposant le parti des gouvernants, droite et gauche confondues, au parti des gouvernés. A la place de la relation concurrentielle mais coopérative entre une majorité et une opposition modérées, qui permet le jeu de l'alternance dans le respect d'une continuité de fond, on passe à une polarisation plus conflictuelle que concurrentielle, menaçant les alternances de type pondéré au profit des alternances de rupture. Si tous les partis populistes ne sont pas également hostiles à la globalisation ou au libéralisme économique, tous sont en revanche violemment hostiles à l'Union européenne et à toutes les formes sous lesquelles elle se présente : l'Union, l'euro, Schengen, le Parlement ou les fonctionnaires de Bruxelles. La volonté de rompre avec l'Union est au cœur du discours de tous les partis populistes que l'on trouve aujourd'hui en Europe.

La nouvelle polarisation est d'autant plus redoutable

que les populistes savent échapper au clivage opposant les partis modérés aux partis extrémistes dans lequel on voudrait les enfermer. On retrouve d'autant plus difficilement les anciens radicalismes qu'ils s'appliquent à les condamner. Chercher à repérer les traditions fascistes ou communistes dans l'expression contemporaine du populisme ne permet pas de connaître les ressorts de leur succès. Sans doute le populisme patrimonial recèle-t-il une sorte d'extrémisme contenu. Si le pouvoir devait lui échoir, il ne manquerait pas d'être confronté à l'impossibilité de réussir, à l'incompétence de ses cadres, aux scissions fratricides que l'échec favorise ou précipite. Mais on ne saurait pour autant confondre les formations populistes qui fleurissent en Europe aujourd'hui avec les partis d'extrême droite ou d'extrême gauche d'hier. Les conséquences du populisme patrimonial sont peut-être extrémistes, mais ce populisme ne se présente pas comme un extrémisme, et peut-être même ne se pense-t-il pas en tant que tel.

Les mouvements extrémistes d'hier ont muté. Ils se sont transformés au cours des vingt dernières années. Islamophobie, euroscepticisme, adhésion à l'économie de marché et antifiscalisme composent la formule de la variété du populisme aujourd'hui le plus prospère. On y retrouve donc davantage les traits d'un univers politique inquiet, conservateur et de droite. Le populisme de gauche existe, mais il n'est jamais aussi performant, sauf lorsqu'il reprend à son compte les thèmes xénophobes. De droite, ou expression d'une certaine droite, le populisme patrimonial bouscule la droite de gouvernement, lui dispute les électeurs et contribue inévitablement à rétrécir sa base électorale. Partout en Europe où il est prospère, ce populisme concurrence la droite de gouvernement, la contraignant de plus en plus souvent à des accords de partenariat, ou conduit à payer en concessions législatives ou par l'intégration dans une coalition parlementaire jusqu'à l'accès au gouvernement. Dans d'autres cas, pour ne pas s'associer avec une formation populiste, la droite de gouvernement choisit de bâtir des majorités sur le modèle des « grandes coalitions » associant droite et gauche. Pourtant, le résultat de telles alliances peut aussi bien favoriser le discours populiste, car ces coalitions accréditent l'idée qu'il existe une entité constituée des « partis de gouvernement », dont l'union, dans une coalition gouvernementale, révèle la fausse altérité, le pluralisme de façade, un cartel, une entente entre élites : c'est l'« UMPS » dénoncé par Marine Le Pen mais aussi brocardé par Jean-Luc Mélenchon, lorsqu'il prévient que ce qu'il propose « n'est donc pas une simple alternance à la papa, du style UMP-PS et vice versa[1] ».

On voit ici que les partis de droite ne sont pas les seuls affectés par le succès du populisme patrimonial. La gauche de gouvernement n'est pas épargnée. Peut-être même est-elle plus touchée. En effet, si le populisme patrimonial croît aux dépens de la droite de gouvernement, c'est parce que, dans une phase antérieure, son électorat s'est d'abord gonflé des transferts venus de la gauche. Dans tous les pays d'Europe où le populisme patrimonial remporte un succès, il est une

1. *Qu'ils s'en aillent tous !*, *op. cit.*, p. 23.

variante de la droite. Dans presque tous les pays où le populisme dominant est de droite, la gauche est en grande difficulté, comme le montre l'exemple de la Suède. Lors des élections législatives de 2010, le chômage y atteignait 9 %, après quatre ans d'une coalition de centre droit. Ce taux de chômage particulièrement élevé pour le pays, et dont on pouvait imputer la responsabilité à la droite au pouvoir, n'a pas provoqué un virage à gauche. Au contraire, les sociaux-démocrates suédois ont vu leur nombre de voix tomber à 30 % des suffrages exprimés, ce qui constitue leur plus mauvais résultat en un siècle. Jamais non plus ils n'avaient perdu deux fois successivement les élections législatives.

La montée en puissance du populisme patrimonial est aussi bien l'un des signes du déclin historique de la gauche, dans un virage à droite de l'Occident en général et de l'Europe en particulier[1]. Plus puissant sociologiquement et plus performant politiquement que le populisme de gauche, le populisme patrimonial suit le glissement à droite des sociétés européennes. Le face-à-face qui s'installe avec les partis populistes laisse les partis de gouvernement, de droite ou de gauche, dans un grand désarroi stratégique. Les partis de gouvernement hésitent. La plupart du temps, ils tentent de se préserver de cette concurrence en se concentrant sur leurs compétences opérationnelles, exhibant une sorte de monopole de la responsabilité, mais sans aucune analyse ni perspective, comme dans l'attente d'une saison meilleure,

1. Raffaele Simone, *Le Monstre doux. L'Occident vire-t-il à droite ?*, Paris, Gallimard, 2010.

se concentrant sur leur fonction gouvernementale, nationale et locale et sur la production d'argumentaires, la conception de programmes d'action, la formation de cadres et la sélection de candidats, cela ayant pour effet de s'isoler du public, ainsi que le remarque H.-G. Betz, «confortant la position des politiciens professionnels aux dépens des membres ordinaires et des forces sociétales[1]». Comme l'écrivent Jocelyn Evans et Gilles Ivaldi : «Le contrôle quasi oligarchique de l'appareil étatique par les principaux protagonistes du jeu politique a sans doute constitué une forme de compensation à l'érosion des liens avec les groupes sociaux sur lesquels se sont historiquement appuyés les grands partis ouest-européens. Ces derniers apparaissent moins capables aujourd'hui d'agir en tant qu'agents de médiation, de représentation, d'intégration et de mobilisation des individus. Peu à peu s'est installée l'idée d'une distance avec la population, la perception de machineries partisanes professionnalisées, tournées vers elles-mêmes et détachées des préoccupations concrètes des citoyens[2].» C'est au point que les partis populistes apparaissent comme les plus en prise avec ces préoccupations parce qu'ils martèlent leur intérêt pour des thèmes en nombre limité, précis, inscrits dans la vie quotidienne, ou présentés comme tels, à distance du programme et du

1. Hans-Georg Betz, *La Droite populiste en Europe. Extrême et démocrate ?*, Paris, Autrement/Cevipof, 2004, p. 72.

2. Jocelyn Evans et Gilles Ivaldi, «Les dynamiques électorales de l'extrême droite européenne», *Revue politique et parlementaire*, n° 1019, juillet-août 2002, p. 283, cité par H.-G. Betz, *La Droite populiste en Europe. Extrême et démocrate ?*, *op. cit.*, p. 72.

« projet de société » des partis de gouvernement. Mais, d'un autre côté, quand les partis de gouvernement prennent le risque de sortir du chemin responsable, de s'engager sur les terres mouvantes du discours populiste, dans l'espoir de convaincre les troupes égarées de revenir à eux, ils favorisent aussi bien de nouveaux départs au profit de ces nouveaux et redoutables adversaires.

### *British workers for British jobs !*

En 2007, le chef du Parti travailliste, Gordon Brown, a ainsi tenté de disputer le terrain aux populistes. Le Premier ministre britannique subissait des critiques pressantes dénonçant une nouvelle vague d'immigrants en provenance de pays comme la Pologne et la Roumanie, disputant les emplois disponibles aux Britanniques tout en exerçant une pression à la baisse sur les salaires. Le 5 juin 2007, devant les adhérents de la centrale syndicale GMB, le syndicat des employés municipaux, qui est aussi l'une des trois plus puissantes centrales affiliées au Parti travailliste et, à ce titre, l'un de ses grands contributeurs, Gordon Brown a développé un discours dans lequel il promettait de placer sa politique de l'emploi sous le signe de la « britannicité » (*britishness*), en appelant au patriotisme des entreprises pour faire bénéficier en priorité les Britanniques des emplois disponibles : « Il est temps de former les travailleurs britanniques pour les emplois britanniques – *It is time to train British workers for the British jobs* – qui seront disponibles dans les prochaines années et d'assurer que les personnes inactives et sans emploi soient capables de profiter des nouveaux emplois qui seront offerts dans notre pays», ajoutant : «Il faut garder les emplois britanniques pour les travailleurs britanniques (*Keep British jobs for British workers !*)[1].»

Ce discours suscite aussitôt un tollé. Son principal opposant d'alors, David Cameron, reproche à Brown de frôler le racisme et de faire le jeu de l'extrême droite, signalant que la formule «*British jobs for British workers*» n'est pas de lui, dont il rappelle l'origine avec cruauté, «voici un emprunt au *National Front*», pas plus que la formule «*Keep British jobs for British workers*» dont il précise l'origine dans le même jeu cruel : «Et voici un emprunt au British National Party[2].» Il est un fait que chacune de ces deux formules est, au mot près, l'un des slogans mis au point par le *National Front* comme par le *British National Party*.

Les conflits sociaux suscités par la concurrence entre les travailleurs nationaux et les travailleurs étrangers se sont multipliés. Au début de l'année 2009, des arrêts de travail ont été décidés à ce motif sur les sites énergétiques britanniques. Les grèves sauvages contre l'emploi de main-d'œuvre étrangère se sont propagées, entre le 30 janvier et le 6 février 2009, à une douzaine de sites énergétiques britanniques pour protester contre le recours à des travailleurs étrangers[3]. Des conflits de ce

1. *The Telegraph*, 6 juin 2007. Notons que G. Brown utilise tantôt «*British workers for British jobs*» et tantôt «*British jobs for British workers*».
2. *Ibid.*
3. *Le Monde*, 4 février 2009.

type se sont multipliés, à la faveur de la récession économique. Mais les conservateurs ont reproché à Gordon Brown d'avoir utilisé le slogan de l'extrême droite que l'on a vu fleurir au milieu des grèves, des rassemblements et des manifestations. On peut penser que cette opposition entre travailleurs nationaux et travailleurs étrangers est directement affectée par la conjoncture économique et, plus largement, par la situation sur le marché de l'emploi. En d'autres termes, une amélioration de la situation économique est dans ce cas une réponse au risque populiste. Ce contentieux n'est pas, à proprement parler, de nature xénophobe. Il est lié à une compétition sur le marché du travail. Cependant, on peut imaginer l'évolution d'un tel conflit si la concurrence entre les travailleurs nationaux et les travailleurs étrangers devait s'installer dans la durée, notamment en raison de la volonté des entreprises de recruter des salariés moins bien rémunérés ou moins exigeants.

## Le dilemme des gouvernants

Face à la pression exercée par les populistes, que convient-il de faire, lorsque l'on est responsable d'un parti de gouvernement ? Faut-il aller sur leurs terres ou faut-il au contraire tenir fermement sur ses positions ? La question est très complexe et la réponse incertaine. Tenir ses positions, ne rien céder est assurément une attitude attendue. Elle paraît cohérente, forte sur le plan des principes revendiqués par des partis de gouvernement responsables et mesurés. Pourtant, c'est aussi bien une manière d'organiser le monopole des populistes, de leur offrir le privilège d'être les seuls à prendre en charge certaines interrogations, inquiétudes ou colères qui traversent la société. Tenir ses positions, c'est aussi bien prendre le risque d'apparaître éloigné de ses concitoyens, de ne pas partager leur vie, voire d'être soupçonné d'en ignorer la réalité. Cela nourrit l'idée que le peuple est mal représenté, qu'il n'est pas représenté, que ses représentants sont des usurpateurs.

Les chefs de gouvernement qui, au contraire, décident d'aller sur les terres des populistes, par quelques incursions ciblées ou par un mimétisme de style, espèrent ce faisant réduire l'attraction que ces partis exercent sur les électeurs comme sur les médias. Il s'agit de capter l'attention, qui est la condition nécessaire pour retrouver l'adhésion. Mais jouer de la proximité avec le populisme est une technique difficile aux effets imprévisibles. Le populiste sera écouté et applaudi quand un chef de gouvernement, tenant des propos comparables, sera accusé de mentir, et qualifié de démagogue par le même auditoire. La colère populiste est tournée contre le gouvernement. Par définition, aucun chef de gouvernement ne peut la partager, ou elle n'est pas crédible. Le risque existe alors de produire les effets opposés à ceux que l'on espérait : si les thèmes populistes sont consacrés, les populistes en seront toujours les utilisateurs les plus convaincants. Les flux électoraux que l'on voulait interrompre ou inverser peuvent aussi bien reprendre, voire redoubler.

Entre la fin de l'année 2010 et les premiers mois de l'année 2011, une série d'interventions publiques ont mis en lumière ce dilemme, dans le cadre d'un véritable événement politique européen dont on n'a pas suffisamment souligné l'importance. Les dirigeants des trois plus grands pays de l'Union, Angela Merkel, David Cameron et Nicolas Sarkozy, ont chacun à leur tour publiquement constaté l'échec du multiculturalisme. Tous subissent la pression de forces populistes. Ces pressions se manifestent sous des formes différentes. Le président français est exposé à la concurrence d'un parti, le Front national, capable de réaliser de redoutables exploits électoraux, comme en 2002. David Cameron est protégé d'une concurrence frontale avec le BNP sur le terrain électoral, en raison d'un mode de scrutin particulièrement protecteur, mais il faut croire que cela ne suffit pas puisqu'il s'est trouvé dans l'obligation d'intervenir au sujet du multiculturalisme. En Allemagne, la CDU-CSU n'est pas encore, à ce jour, concurrencée par une formation symétrique de type populiste crédible. La création de *Die Freiheit*, La Liberté, en septembre 2010, a été annoncée par René Stadtkewitz, un dissident de la CDU, qui s'est illustré dans les mouvements d'opposition à la construction des mosquées et le militantisme anti-islam, et se reconnaît pour modèle Geert Wilders, déclarant s'inspirer du populisme hollandais, c'est-à-dire ici d'un populisme de type patrimonial. Pour Angela Merkel, la menace ne vient pas de là, ou pas encore. En revanche, c'est à l'intérieur de la droite que le débat sur l'immigration a lieu, comme le montrent, outre l'Allemagne d'Angela Merkel, la France de Nicolas Sarkozy et le Royaume-Uni de David Cameron :

***Les zigzags d'Angela Merkel***

La chancelière allemande, qui s'était distinguée jusqu'à très récemment par un discours sur l'immigration à distance des positions intempestives de son aile droite, a décidé de changer d'attitude. Ce changement est attribué à la pression interne exercée par une fraction de la droite qui milite pour un durcissement de ton sur les questions touchant à l'immigration. Cette requête repose notamment sur les enquêtes d'opinion qui soulignent l'hostilité grandissante, et désormais majoritaire, des Allemands à l'immigration et au multiculturalisme. Une fraction de la CDU-CSU attribue ses mauvais résultats électoraux récents à l'absence de prise en compte de cette opinion. L'élan d'approbation et de sympathie soulevé par le livre de Thilo Sarrazin a semblé leur donner raison, d'autant plus que l'auteur, social-démocrate, n'a pas été exclu de son parti compte tenu des nombreux soutiens qu'il a trouvés auprès de ses militants et sympathisants. En d'autres termes, si les sociaux-démocrates allemands s'accommodent de Sarrazin, pourquoi les partis de droite ne chercheraient-ils pas à reprendre une partie de ses thèses ? Plus encore, la CDU-CSU a toutes les raisons de penser que le SPD, en exprimant une telle complaisance, est aussi bien tenté de rafler une partie de cet électorat qui accorde une place prépondérante à la question de l'immigration dans ses préoccupations.

De fait, au sein de la coalition CDU-CSU, Angela Merkel est fortement bousculée sur ce thème par l'aile la plus conservatrice de son camp. Ses prises de position apparaissent d'ailleurs erratiques, hésitantes, pensées en réaction avec ce qui serait l'expression de deux extrêmes, comme si elle tentait d'occuper une position centrale. Elle ne parvient pas pour autant à éviter un glissement à droite, comme le montre la séquence de l'automne 2010. Angela Merkel a voulu, à son tour, revendiquer le droit de « parler ouvertement » des problèmes posés par l'immigration « sans être pour autant soupçonnée de xénophobie »[1]. De même, le ministre bavarois de la Santé, Markus Söder (CSU), a-t-il lancé « c'est aux immigrés de s'adapter », pas l'inverse, ajoutant que « les crucifix ont leur place dans les salles de classe bavaroises, pas les foulards »[2]. Les responsables des partis ont certainement ressenti la montée de la préoccupation publique pour le thème de l'immigration et de l'intégration. Elle avait déjà déclaré, le 25 septembre lors d'un congrès de la CDU, que « subventionner les immigrants » ne suffisait pas, ajoutant que l'Allemagne est en droit « d'avoir des exigences » envers eux, par exemple qu'ils « maîtrisent l'allemand et qu'il n'y ait plus de mariages forcés ». Le 3 octobre, le président allemand, Christian Wulff, lui aussi membre de la CDU-CSU, avait à l'occasion du vingtième anniversaire de la réunification invité les Allemands à reconnaître l'islam comme l'une des composantes de la société allemande : « Le christianisme et le judaïsme appartiennent sans nul doute à l'Allemagne. C'est notre histoire

1. 5 septembre 2010.
2. *Ibid.*

judéo-chrétienne. Mais désormais, l'islam aussi fait partie de l'Allemagne.» Face à la polémique déclenchée dans son camp par ces propos, Angela Merkel lui a répondu le 6 octobre, très précisément sur le même terrain : «Notre culture s'appuie sur des valeurs chrétiennes et juives depuis des centaines d'années, sinon des milliers d'années», poursuivant : «Il est important [...] que les valeurs représentées par l'islam correspondent à notre Constitution», et ajoutant : «Ce qui s'applique ici, c'est la Constitution, pas la charia.»

Puis, le 9 octobre, c'est Horst Seehofer, le patron de la CSU et ministre-président de la Bavière, qui déclenche à son tour une vive controverse, pendant une rencontre à Berlin entre Angela Merkel et le Premier ministre turc Tayyip Erdogan, en affirmant dans une interview à l'hebdomadaire *Focus* que l'Allemagne n'a «plus besoin d'immigrants de pays aux cultures différentes, comme les Turcs et les Arabes», ajoutant : «Je n'ai aucune sympathie pour les demandes d'augmentation de l'immigration en provenance de cultures différentes.» Ce même week-end, lors d'un rassemblement de la CSU en Bavière, Seehofer déclarait : «La société multiculturelle est morte [...]. Elle ne pourrait être plus morte.» Angela Merkel, qui avait répondu au président Wulff en prônant une ligne plus dure a, face à Seehofer, tenté cette fois de défendre une ligne au contraire plus modérée. Interrogée le lendemain sur les propos de Horst Seehofer, elle a répondu : «L'Allemagne est et sera un pays ouvert», tandis que Maria Böhler, chargée des questions d'intégration au gouvernement, se montrait plus virulente : «Il n'est pas acceptable que les personnes d'une culture différente fassent l'objet d'une suspicion généralisée. Nous ne voulons pas ostraciser les gens. Cela va à l'encontre de nos efforts d'intégration. » Les libéraux du FDP, membre de la coalition majoritaire avec la CDU-CSU, ont également pris leurs distances avec les propos de Seehofer.

Peu après, le 16 octobre, nouveau coup de barre d'Angela Merkel, à droite cette fois, devant les jeunes de l'Union des chrétiens démocrates (CDU) à Potsdam, la *Junge Union*. C'est dans ce discours que la chancelière allemande a dénoncé l'échec des politiques visant à créer une société multiculturelle dans son pays, reprenant cette fois à son compte les propos de Horst Seehofer, en dénonçant le credo « Multikulti », déclarant : « cette approche a échoué, totalement échoué », estimant : « nous nous sommes volontairement trompés pendant un moment : nous disions “Ils ne resteront pas, ils finiront par partir à un moment”, mais ce n'est pas la réalité », avant d'ajouter une série de salves plus dures, telles que : « nous n'avons pas besoin d'une immigration qui pèse sur notre système social », ou encore : « nous nous sentons liés aux valeurs chrétiennes. Ceux qui ne l'acceptent pas n'ont pas leur place ici ».

Néanmoins, confrontée à la pénurie de main-d'œuvre et au déclin démographique de l'Allemagne, elle devait prendre ses distances avec le ministre-président bavarois, assurant que l'Allemagne doit rester un pays ouvert, proposant en contrepartie que le pays soit plus exigeant avec les immigrés, notamment en ce qui concerne l'apprentissage de la langue, indiquant, en contrepoint : « Cela veut dire que l'exigence d'intégration sera l'une de nos tâches principales pour les temps à venir. Mais dire que nous sommes un pays qui donne une chance aux gens, cela doit rester une caractéristique de l'Allemagne. »

### *L'islam de France de Nicolas Sarkozy*

Le discours de la chancelière allemande fait aussi écho à celui qu'avait prononcé Nicolas Sarkozy, le 30 juillet 2010, à Grenoble et dans lequel il avait constaté non pas l'échec du multiculturalisme, mais l'épuisement de l'intégration : « Il faut le reconnaître, je me dois de le dire, nous subissons les conséquences de cinquante années d'immigration insuffisamment régulée qui ont abouti à un échec de l'intégration. Nous sommes si fiers de notre système d'intégration. Peut-être faut-il se réveiller ? Pour voir ce qu'il a produit. Il a marché. Il ne marche plus. Je ne me suis jamais laissé intimider par la pensée unique. Il est quand même invraisemblable que des jeunes gens de la deuxième, voire de la troisième génération, se sentent moins français que leurs parents ou leurs grands-parents. » C'est dans le cadre de ce même discours que le chef de l'Etat français a formulé l'une de ses propositions les plus controversées, puisqu'elle prévoyait, dans le cas de crime ou de délit grave, la possibilité de retirer la nationalité à un Français d'origine étrangère, autrement dit d'introduire une distinction de degré entre le fait d'être français, les Français de souche coupables des mêmes crimes ne pouvant pas se voir retirer la nationalité : « De même nous allons réévaluer les motifs pouvant donner lieu à la déchéance de la nationalité française. Je prends mes responsabilités. La nationalité française doit pouvoir être retirée à toute personne d'origine étrangère qui aurait volontairement porté atteinte à la vie d'un fonctionnaire de police ou d'un militaire de la gendarmerie ou de toute autre personne dépositaire de l'autorité publique. La nationalité française se mérite et il faut pouvoir s'en montrer digne. Quand on tire sur un agent chargé des forces de l'ordre on n'est plus digne d'être français. Je souhaite également que l'acquisition de la nationalité française par un mineur délinquant au moment de sa majorité ne soit plus automatique. »

Le 10 février 2011, dans le cadre d'un débat sur TF1 avec un panel de Français, le chef de l'Etat à répondu à la question posée par un internaute qui lui demandait si le multiculturalisme devait être considéré comme un échec : « Ma réponse est clairement oui, c'est un échec », a répondu Nicolas Sarkozy[1], considérant que « dans toutes nos démocraties, on s'est trop préoccupé de l'identité de celui qui arrivait et pas assez de l'identité du pays qui accueillait ». Le président français oppose alors nettement un modèle de société fondé sur la diversité à un modèle fondé sur le multiculturalisme : « Bien sûr qu'il faut respecter chacun dans ses différences, mais nous ne voulons pas, en tout cas ce n'est pas le projet de la France, d'une société où les communautés coexistent les unes à côté des autres. Si on vient en France, on accepte de se fondre dans une seule communauté, qui est la communauté nationale, et si on ne

1. 10 février 2011, « Paroles de Français », TF1.

veut pas accepter ça, on ne peut pas être le bienvenu en France. » Arguant la nécessité de mettre fin à une hypocrisie, le président français a explicitement établi un lien d'équivalence entre le problème du multiculturalisme en général et la question de l'islam en particulier : considérant, d'un côté, que « nos compatriotes musulmans doivent pouvoir pratiquer leur religion comme n'importe lequel de nos compatriotes juif, protestant, catholique », et qu'il est donc « normal » que l'on construise des mosquées, il ajoutait cependant : « Nous ne voulons pas en France que l'on prie de façon ostentatoire dans la rue », précisant que « la prière n'offense personne, mais nous ne voulons pas [...] d'un prosélytisme religieux agressif ». C'est cela qui caractérise sans doute le plus la stratégie menée par Nicolas Sarkozy pour tenter de contenir la concurrence populiste, c'est-à-dire, pour lui, celle du Front national : il combine une forme rugueuse, voire brutale, avec des conclusions qui se veulent finalement consensuelles : « Il ne peut s'agir que d'un islam de France et non pas d'un islam en France », qui est une distinction qu'il avait déjà utilisée lorsqu'il était ministre de l'Intérieur et lors de sa première candidature à la présidence de la République. De même, des propositions spectaculaires mais irrecevables, telle l'extension des cas de déchéance de la nationalité, voisinent avec un programme capable de faire l'unanimité : « La communauté nationale française ne veut pas changer son mode de vie, son style de vie, l'égalité entre les hommes et les femmes [...] la liberté pour les petites filles d'aller à l'école. » Tout se passe comme si Nicolas Sarkozy, dans ces changements de pied rapides et systématique, s'efforçait de maintenir le contact avec les électorats de gouvernement sans rompre tout à fait avec les électorats populistes, et inversement.

### *Le « libéralisme musclé » de David Cameron*

Il est impressionnant de noter que, trois ans seulement après avoir adressé à Gordon Brown une leçon de politique et de morale accompagnée d'accusations de racisme à peine voilées, David Cameron, devenu entretemps Premier ministre, prononce un discours historique dans lequel il ne met pas seulement en cause la compétition sur le marché de l'emploi entre les nationaux et les étrangers, comme le faisait son prédécesseur, mais la réalité de l'intégration des Britanniques de religion musulmane dans leur pays. Cela s'est passé le 5 février 2011, devant l'auditoire de la Conférence sur la sécurité, à Munich. Il s'agit d'une intervention portant sur les problèmes de sécurité publique, et tout particulièrement sur la menace représentée par le terrorisme islamiste. Cameron expose sa vive préoccupation face à l'engagement de certains citoyens britanniques de confession musulmane dans les attaques violentes et mortelles contre les sociétés libérales dont ils sont pourtant natifs. Il ne considère pas que la dangerosité de ces sujets britanniques tienne à leur engagement religieux, mais qu'elle est une conséquence d'une sorte d'errance identitaire dans laquelle il voit un effet pervers du multiculturalisme. C'est donc sur un arrière-fond dramatique que le Premier ministre britannique admet publiquement l'échec du multiculturalisme dans son pays. L'autocritique est rude. Il note que certains jeunes musulmans britanniques ne parviennent pas à s'identifier au monde qui est celui de l'islam traditionnel pratiqué par leurs parents à la maison, parce qu'ils sont malgré tout de leur temps; mais, ajoute-t-il : « Ces jeunes hommes ont également du mal à s'identifier à la Grande-Bretagne, parce que nous avons permis l'affaiblissement de notre identité collective. Selon la doctrine du multiculturalisme d'Etat, nous avons encouragé les cultures différentes à vivre séparément les unes des autres et à l'écart de la culture dominante. Nous ne sommes pas parvenus à fournir une vision de la société à laquelle ils ont eu envie d'appartenir. Nous avons même toléré que ces communautés vivant séparément se comportent d'une manière qui contredit totalement nos valeurs[1]. » Cameron insiste alors sur l'émergence d'un traitement inégal de la part d'un Etat exigeant de certains citoyens un strict respect des principes libéraux tout en tolérant que d'autres se permettent des écarts importants : « Ainsi, quand une personne de race blanche émettait des opinions inacceptables, par exemple des opinions racistes, nous les avons fermement condamnées. Mais lorsque des opinions ou des comportements tout aussi inacceptables ont été le fait de quelqu'un qui n'était pas blanc, nous avons été, pour être francs, trop prudents – à dire vrai, nous avions même peur – quand il s'agissait de leur tenir tête. »

David Cameron présente ensuite sa doctrine en

1. Traduction personnelle.

faveur d'un libéralisme postmulticulturaliste : «Franchement, nous avons beaucoup moins besoin de la tolérance passive de ces dernières années que d'un libéralisme beaucoup plus actif, un libéralisme musclé. Une société pratiquant la tolérance passive dit à ses citoyens : aussi longtemps que vous obéirez à la loi nous vous laisserons tranquilles. Cela implique d'afficher une neutralité entre les différentes valeurs. Mais je crois qu'un pays véritablement libéral doit faire bien plus. Il croit en certaines valeurs et il les promeut activement : la liberté d'expression, la liberté de culte, la démocratie, l'Etat de droit, l'égalité des droits, quels que soient la race, le sexe ou l'orientation sexuelle. Un pays véritablement libéral dit à ses citoyens : voilà ce qui nous définit en tant que société : appartenir à ce pays, c'est croire en cela. Il revient maintenant à chacun de nous, dans notre propre pays, je crois, d'être sans ambiguïté et intransigeant dans cette défense de notre liberté.»

Ce virage à angle droit est aussi l'une des multiples conséquences des attentats du 7 juillet 2005 qui ont profondément marqué la société britannique. Dans ce pays, l'extrémisme islamique est devenu l'une des préoccupations dominantes, d'autant plus que les responsables de ces attentats étaient de jeunes musulmans britanniques diplômés qui semblaient parfaitement intégrés : «Si nous voulons vaincre cette menace, je crois qu'il est temps de tourner la page des politiques du passé qui ont échoué[1].» Ces déclarations, qui annoncent une

1. AFP, 5 février 2011.

reconversion au modèle d'intégration, constituent un changement important pour la Grande-Bretagne. Les relations avec les Etats-Unis, qui ne sont déjà plus tout à fait les mêmes depuis l'intervention en Irak, en seront encore modifiées. Comme on le sait, sur ce point comme sur d'autres, les Américains ont longtemps représenté un modèle dont les Britanniques se sentaient plus proches par comparaison aux modèles européens. Le 4 juin 2009, dans son discours sur l'Amérique, l'islam et le monde, prononcé au Caire, Barack Obama avait fait la leçon aux Européens sur un mode qui avait alors certainement ravi les Britanniques : « Il importe que les pays occidentaux évitent d'empêcher les musulmans de pratiquer leur religion comme ils le souhaitent, par exemple, en dictant ce qu'une musulmane devrait porter. En un mot, nous ne pouvons pas déguiser l'hostilité envers la religion sous couvert de libéralisme. » Aujourd'hui, ces mots du président américain pourraient être assimilés à une attaque ciblée contre le « libéralisme musclé » revendiqué par le Premier ministre David Cameron dans son discours prononcé à Munich, le 5 février 2011.

Munich ? Peut-on imaginer qu'il s'agisse d'un hasard si le Premier ministre britannique a choisi cette ville pour y prononcer un discours appelant les démocraties européennes à promouvoir un « libéralisme musclé » ? Impossible d'imaginer qu'il n'ait pas pensé à ce qu'une ville chargée d'une telle histoire pour les Européens en général, pour les Français et les Britanniques en particulier, ne manquerait d'évoquer. Car au cours de la tragique rencontre diplomatique du 29 au 30 septembre 1938, on a vu deux démocraties renoncer à défendre une démocratie pacifique et accepter de la livrer en pâture à une tyrannie belliqueuse dans un moment de lâcheté, douloureusement inscrit dans la mémoire européenne et franco-britannique et qui fut payé d'une guerre. En 1938, le défaut de libéralisme musclé est patent. En plaquant sur ces sinistres souvenirs une nouvelle version de l'esprit munichois, Cameron semble opérer à son tour, bien que de façon subliminale, une équivalence entre la menace islamiste qui pèse sur les démocraties européennes d'aujourd'hui et la tyrannie nazie d'hier, qui avait failli toutes les emporter.

Les discours de Merkel, Sarkozy et Cameron participent de cette nouvelle stratégie déployée en Europe par les gouvernants et les partis de gouvernement pour tenter de résister à la concurrence des partis populistes. Il faut d'ailleurs souligner que, sur ce plan, Nicolas Sarkozy a joué un rôle d'initiateur. Si certains de ses discours peuvent déplaire, voire choquer, en raison de l'étroite proximité qu'ils entretiennent avec le populisme, au point d'en être parfois une expression pure et simple, force est de constater qu'ils ont permis de détourner de très nombreux électeurs du vote protestataire pour les reconduire vers un vote de gouvernement. C'est le sens de la préparation de sa candidature à l'élection présidentielle, entre 2002 et 2004, puis de l'organisation de sa candidature entre 2005 et 2007. C'est aussi une des raisons principales de sa victoire. En revanche, il n'est pas certain qu'un tel modèle soit reproductible. Il est peut-être à usage unique. Quoi qu'il en soit, les chefs d'Etat et de gouvernement européens, sur ce point, ont plutôt tendance à l'imiter. Mais nul ne sait encore si ces mouvements de rapprochement par lesquels on espère redevenir audible auprès d'électeurs déçus ne favorisent pas plutôt les flux de sens contraire.

## La tentation de l'alliance

De droite ou de gauche, les partis de gouvernement sont affectés par la poussée des partis populistes, subissant une érosion de leurs bases électorales. Dans les pays où les formations populistes progressent, les majorités de gouvernement reposent sur des soutiens électoraux de moins en moins nombreux quantitativement et de moins en moins populaires sociologiquement, favorisant le procès en illégitimité développé par les populistes. Les partis de gouvernement tendent à incorporer des éléments de leur rhétorique et à prendre en charge, de manière de plus en plus souvent ostentatoire, des actes politiques imposés par la pression des populistes : la loi sur le mariage au Danemark, aux Pays-Bas ou en Allemagne, l'expulsion des Roms en France pendant l'été 2010, le programme *British jobs for British workers* lancé par le Premier ministre travailliste Gordon Brown, en 2007, le discours d'Angela Merkel, en 2010, puis celui de David Cameron en 2011, sur l'échec du multiculturalisme, sont autant d'exemples des concessions faites aux partis populistes par les partis de gouvernement.

La progression électorale des populistes contraint de plus en plus souvent les partis de gouvernement à former des coalitions avec eux, comme ce fut le cas au Danemark, en Italie, aux Pays-Bas, en Autriche ou en

Pologne[1]. En 2001, au Danemark, à l'issue des élections législatives, la droite s'est trouvée dans l'impossibilité de former une majorité parlementaire sans solliciter les populistes. Une coalition a été formée, associant la droite de gouvernement – le Parti libéral du Premier ministre Rasmussen et le Parti conservateur – avec les populistes du Parti du peuple danois (DF) devenus la troisième force électorale du pays. En Italie, la Ligue du Nord d'Umberto Bossi est membre de la coalition berlusconienne en 1994, puis de 2001 à 2006 et, enfin, depuis 2008, avec plusieurs de ses représentants membres du gouvernement, ministres ou secrétaires d'Etat. En Autriche, c'est en février 2000 que le parti d'extrême droite, le FPÖ, mais sans son chef Jörg Haider, a participé une première fois au gouvernement dans le cadre d'une coalition avec la droite du Parti populaire (l'ÖVP), conduite par le chancelier Wolfgang Schüssel. On se souvient de la vague de protestation venue des capitales européennes comme des manifestations qui, en Autriche, avaient accueilli l'annonce de la nouvelle coalition et jusque devant le palais présidentiel de la Hofburg, obligeant les membres du nouveau gouvernement à quitter le lieu par un passage dissimulé. Aux Pays-Bas, les élections législatives du 15 mai 2002 débouchent sur la victoire des chrétiens-démocrates (CDA) et l'entrée au Parlement des populistes de la Liste Pim Fortyun (LPF) avec 26 députés, ainsi que de l'extrême droite hollandaise (*Leefbaar Nederland*). Si

1. Cf. Pascal Delwitt, Philippe Poirier, *Extrême droite et pouvoir en Europe. The Extreme Right Parties and Power in Europe*, *op. cit.*

la défaite du Parti travailliste est nette, il réalise son plus mauvais score depuis 1945, les partis de droite ne rassemblent cependant pas suffisamment de suffrages et d'élus pour constituer une nouvelle majorité. Une coalition est formée associant les populistes du LPF aux deux partis de droite : l'Appel des chrétiens-démocrates (CDA) et le Parti populaire pour la liberté et la démocratie (VVD). Jan Peter Balkenende, leader du CDA, forme un gouvernement comprenant 5 secrétaires d'Etat et 4 ministres LPF, dont le ministère de l'Immigration et de l'Intégration ainsi que le ministère de la Santé.

Dans quelques pays européens, la pression des populistes n'est, à ce jour, pas assez forte pour contraindre les partis de gouvernement à les faire entrer dans les coalitions, tout au moins au plan national. L'Allemagne, l'Espagne, la Grande-Bretagne et le Portugal sont dans ce cas. Dans d'autres pays, les partis modérés parviennent à gouverner sans les populistes en dépit du poids électoral que ces derniers peuvent atteindre, comme le Front national français (autour de 15 %) ou, en dehors de l'Union européenne, le Parti de la liberté norvégien (autour de 25 %).

L'intégration des populistes dans des coalitions parlementaires, voire leur participation à un gouvernement, produit sur eux des résultats variés. Dans le cas de l'Autriche, l'entrée du FPÖ au gouvernement en février 2000 a entraîné presque aussitôt une série de revers, lors des élections provinciales d'octobre 2000, en raison de la politique économique d'austérité menée par le Premier ministre Schüssel. Le FPÖ perd alors un tiers de ses électeurs en Styrie et recule fortement à Vienne, au profit des sociaux-démocrates. Une partie du FPÖ remet en cause la stratégie de participation, provoquant peu à peu une crise en son sein et, finalement, la démission de 4 de ses ministres, une crise gouvernementale et des élections anticipées (novembre 2002). Les élections se soldent par un échec des populistes qui tombent à 10,1 %, contre 27,2 % en 1999. Bien différemment, l'ancien partenaire du FPÖ, l'ÖVP, triomphe, sous la houlette du Premier ministre sortant Schüssel. L'ÖVP réalise même son meilleur score (42,2 %) depuis 1966, sans pouvoir toutefois s'émanciper entièrement des populistes. Une coalition est reconduite avec le FPÖ en février 2003. Signe d'un changement d'époque, elle ne suscite cette fois presque aucune réaction, européenne ou autrichienne. Il est vrai que Schüssel semble avoir étouffé le FPÖ par sa stratégie d'alliance. Aux reculs électoraux succèdent les conflits internes, notamment entre les ministres FPÖ et leur chef de parti Jörg Haider. Finalement, l'éclatement du parti a lieu en avril 2005, avec la création par Haider lui-même d'un nouveau parti d'extrême droite, l'Alliance pour l'avenir de l'Autriche (BZÖ). La construction d'une grande coalition associant la droite de l'ÖVP et la gauche du SPÖ, en janvier 2007, écarte le FPÖ du pouvoir. En recul sur le plan électoral, divisé, concurrencé par le BZÖ, le FPÖ semble en grande difficulté. Pourtant, le gouvernement de grande coalition, mené par le social-démocrate Gusenbauer, subit un lourd revers lors des élections législatives anticipées de septembre 2008. Les deux grands partis de gouvernement sont sanctionnés par les électeurs, rassemblant ensemble seulement 55 % des suffrages exprimés, soit le plus faible score depuis la naissance de la république en 1918. De son côté, le FPÖ renaît de ses cendres (18 %). En cumulant ce résultat avec le score de son concurrent le BZÖ (10,9 %), on obtient un total de 29 %, contre 15,1 % en 2006. Fragilisée par sa participation au gouvernement et au moins autant par ses conflits internes, l'extrême droite autrichienne a pu se remettre en selle sans délai grâce au retour des électeurs, arrachés à la droite comme à la gauche de gouvernement.

Aux Pays-Bas, l'entrée dans la coalition parlementaire et la participation gouvernementale des populistes de la LPF en mai 2002 se sont achevées par leur départ en octobre en raison de querelles internes au mouvement, provoquant la chute du gouvernement qui aura été le plus bref de l'histoire hollandaise depuis 1945. Lors des élections législatives de janvier 2003, la LPF tombe de 26 à 8 députés, une bonne partie de ses électeurs retournant au Parti travailliste, ce qui n'évite cependant pas sa défaite face aux chrétiens-démocrates du CDA. Une majorité classique de centre droit peut se mettre en place, sans les populistes. Pour autant, le populisme n'a pas disparu. Il s'est métamorphosé, à une vitesse impressionnante. Trois ans après cette défaite, surgissait le Parti pour la liberté fondé par le député Geert Wilders, rassemblant aussitôt 5,9 % des suffrages exprimés et 9 députés aux élections législatives de 2006, puis 15,4 % et 24 députés. Il est devenu la troisième force politique des Pays-Bas[1].

1. Je signale ici l'excellent site de base de données politiques et électorales conçu et rédigé par le journaliste Laurent de Boissieu qui permet

L'Autriche et les Pays-Bas montrent que, lorsque les populistes ne tirent pas nécessairement profit de leur intégration dans une coalition avec des partis de gouvernement, ils se remettent rapidement de leurs revers et se révèlent capables de reconstituer en peu de temps leurs forces électorales, y compris en faisant surgir une nouvelle formation politique qui retrouve de nombreux électeurs en peu de temps.

Le Danemark et l'Italie offrent le cas de partis populistes profitant pleinement de leur intégration dans des coalitions parlementaires et gouvernementales. Au Danemark, depuis 2001, le Parti du peuple danois parvient à imposer son thème de la lutte contre l'immigration, inspirant des lois aux conséquences importantes dont témoigne la loi sur le mariage. La coalition formée en 2001 ne souffre pas de sa composition. Elle l'emporte aux élections législatives de 2005, et chacun des trois partis qui la forment réussit l'épreuve de la réélection : le Parti libéral, du Premier ministre sortant Anders Fogh Rasmussen, recule légèrement, de 31 % à 29 %, mais il réalise l'exploit d'être le premier gouvernement libéral de l'histoire du pays à reconduire sa majorité. Le Parti conservateur progresse légèrement, de 9,1 % à 10,3 %, avec le Parti du peuple danois (DF) qui passe de 12 % à 13,2 %. Si le DF n'est pas invité à prendre part au gouvernement, il demeure membre de la coalition parlementaire. Les élections législatives de novembre 2007 confirment le succès de cette coalition de droite à

d'accéder aux grands résultats électoraux pour les élections nationales dans les pays de l'Union : cf. http ://www.europe-politique.eu/

composante populiste. Le Parti libéral de Rasmussen remporte sa troisième victoire consécutive depuis 2001. Les populistes du DF progressent encore (13,8 %), obtenant 25 sièges, démontrant à la fois la possibilité d'une dépendance durable des partis de gouvernement à l'égard des partis populistes et la possibilité d'un succès électoral de ces derniers en dépit de leur appartenance à une coalition de gouvernement.

En Italie, la coalition berlusconienne est dans le même cas vis-à-vis de la Ligue du Nord à laquelle elle est associée presque sans discontinuer depuis 2001. La Ligue a perdu quelques électeurs, mais elle maintient globalement ses positions acquises, au niveau parlementaire, gouvernemental, comme au niveau local.

Sans une majorité de gouvernement, de droite ou de gauche, les partis de gouvernement, de droite ou de gauche, n'ont le choix qu'entre l'opposition, la grande coalition ou la compromission avec les populistes, sachant que le choix d'une grande coalition droite/gauche est susceptible de produire des effets dévastateurs sur les partis de gouvernement, soupçonnés de s'entendre, risquant d'être également rejetés et avec plus de force, pour le grand profit des partis populistes.

Le système institutionnel et tout particulièrement le mode de scrutin influencent fortement le degré de dépendance des partis de gouvernement vis-à-vis des populistes. Dans l'espace démocratique européen, le scrutin proportionnel est la règle. Or, il est très favorable aux populistes parce qu'il est capable de leur conférer un poids déterminant, y compris lorsque leur influence électorale est encore faible, comme on a pu le voir lors des élections législatives suédoises de 2010, la droite s'étant posé la question d'une alliance avec les Démocrates de Suède qui avaient fortement progressé et obtenu plusieurs députés avec moins de 6 % des suffrages exprimés. Les partis représentés au Parlement ont choisi d'ignorer les « Démocrates de Suède », qui n'ont pas été autorisés à participer aux débats opposant, à la télévision et à la radio, les sept formations parlementaires, ce qui a pu accroître la sympathie du public à leur égard. En Finlande, lors des législatives de mars 2007, on a pu relever une percée électorale des populistes du Parti des Vrais Finlandais, recueillant 4,1 % des suffrages contre 1,6 % en 2003, aux effets décuplés par les 5 sièges de députés obtenus. Un mode de scrutin majoritaire n'aurait donné aucun député aux populistes, ni en Suède ni en Finlande.

## Le populisme de gauche réussit quand il est xénophobe

Le cas du populisme dans les pays postcommunistes permet d'illustrer l'importance de la composante xénophobe dans le populisme. Elle paraît essentielle. Le populisme de gauche ne rencontre qu'un succès limité s'il n'associe pas la xénophobie et même l'antisémitisme à ses récriminations contre le monde contemporain. Il en est ainsi avec le parti populiste polonais, de gauche, *Samoobrona* (Autodéfense), créé par l'ancien communiste Andrzej Lepper qui dénonce « la disparition de la Pologne dans une Europe cosmopolite et libérale ».

Lepper représente l'un des cas les plus spectaculaires de populisme de gauche de type xénophobe et antisémite. Il est frappant de constater que sa participation au gouvernement polonais, entre 2006 et 2007, n'a guère suscité de protestations de la part des Européens. Lepper a multiplié les allusions et les déclarations méprisables au point d'être récompensé par une université privée ukrainienne assurant explicitement la promotion de l'antisémitisme auprès de ses 50 000 étudiants. Basée à Kiev, la MAUP, qui désigne l'Interregional Academy of Personnel Management, lui a décerné, en 2004, deux titres de « docteur *honoris causa* » qu'il a non seulement acceptés mais qu'il est également venu recevoir, prononçant pour l'occasion un discours de récipiendaire, comme s'il venait d'obtenir une distinction couronnant des travaux scientifiques ou un prix récompensant une œuvre de bienfaisance.

C'est avec un tel chef et à partir d'un tel discours que *Samoobrona* a fortement progressé, entre les élections législatives de 1993 (2,7 %) et les législatives de 2005 (11,4 %). Ces élections ont marqué l'apogée du parti. L'adhésion de la Pologne à l'Union européenne, en 2004, lui sera fatale. Trois ans après, lors des élections législatives de 2007, c'est l'effondrement (1,5 %). Désireux d'entrer dans l'Union, les Polonais n'ont plus voulu de ceux qui risquaient de leur barrer la route de Bruxelles. Il en va de même pour la Ligue des familles polonaises, parti d'extrême droite fondé par Roman Dmowski, nationaliste et ultracatholique, qui n'est pas moins habitué aux dérapages antisémites. De la même façon que *Samoobrona*, les meilleurs résultats au plan national de la Ligue des familles polonaises ont été obtenus lors des élections législatives de 2001 et 2005 (8 % dans les deux cas), avant l'effondrement de 2007 (1,2 %). La Ligue des familles a été victime de sa participation au pouvoir, aux côtés du PiS des frères Kaczynski et aux côtés d'Andrzej Lepper, entre mai 2006 et juillet 2007, ainsi que de son opposition farouche à l'Union européenne.

Le deuxième cas patent de populisme de gauche accédant à de remarquables résultats électoraux grâce à un discours xénophobe est le parti slovaque nommé la Direction sociale-démocrate, le Smer (*Smer-sociálna demokracia*), dirigé par Robert Fico. Un discours populiste, antisystème, fustigeant les élites, rejetant le clivage gauche/droite et mobilisant les sentiments xénophobes à l'égard de la minorité hongroise et des Roms. Le mouvement de Robert Fico se définit officiellement comme un parti social-démocrate et, à ce titre, il est membre du Parti socialiste européen (PSE) ainsi que de l'Internationale socialiste. Sur le plan électoral, le SMER a réalisé une progression impressionnante, passant de 13,5 % des suffrages en 2002 à 29,1 % en 2006 et à 34,8 % en 2010 (et 62 députés sur 150). A ce jour, il détient le record électoral de tous les partis populistes européens.

D'octobre 2006 à février 2008, le SMER s'est allié au Parti national slovaque (*Slovenská národná strana*, SNS), ultranationaliste, raciste et antisémite, s'inscrivant explicitement dans la tradition fasciste du pays. Notons que le SMER n'a pas pour autant été exclu du Parti socialiste européen mais seulement suspendu pendant la durée de son association avec le SNS. Fondé en

1989, le SNS se présente comme un parti chrétien, national et social, et se distingue par ses attaques contre la minorité hongroise et les Roms, par son discours homophobe et son discours de réhabilitation de Jozef Tiso. Le SNS a rassemblé 11,7 % des électeurs lors des élections législatives de 2006, puis 5,1 % en 2010.

Le troisième cas patent de populisme de gauche est le Parti de la Grande Roumanie (*Partidul România Mare*, PRM) de Vadim Tudor, qui fut un membre actif de la Securitate et l'écrivain officiel du dictateur Ceausescu. Vigoureusement hostile à l'Europe comme à l'OTAN, Vadim Tudor défend une doctrine associant communisme et nationalisme, prônant un programme de type social et protectionniste. L'idée de « Grande Roumanie » désigne le projet de rattacher à la Roumanie tous les territoires peuplés de Roumains (Ukraine, Moldavie et Serbie). Tudor a développé un discours violemment hostile aux Tziganes, à la minorité hongroise et aux Roms, accompagné d'un antisémitisme explicite, violent et menaçant, associé à un discours négationniste. Le PRM a pu réaliser de très bons résultats électoraux, notamment lors de l'élection présidentielle du 16 novembre 2000, sorte de « 21 avril » roumain, lorsque Tudor a réuni au premier tour 28 % des suffrages exprimés, atteignant le second tour pour être largement battu par le candidat social-démocrate Ion Iliescu (67 %) que soutenait la quasi-totalité de la classe politique nationale. Un recul est enregistré lors des élections législatives de 2000 (19,5 %), accentué par celles de 2004 (13 %) et de 2008 (3,1 %).

Tudor s'est lui aussi heurté au désir des Roumains de rejoindre l'Union. Pour eux, il est devenu un obstacle Conscient de cela, Tudor a tenté, en 2003, un revirement total dans son discours, se ralliant à l'Europe et à l'OTAN, et présentant ses excuses pour les propos antisémites et négationnistes qu'il avait tenus jusque-là. L'année 2003 est celle au cours de laquelle toutes les populations des pays postcommunistes approuvent largement par référendum leur adhésion à l'Union. Tudor en a tiré la leçon. Dans une scène où la farce et le cynisme se côtoient, il est même allé jusqu'à revendiquer son «philosémitisme». Andrei Cornea raconte cette scène dans un article intitulé «Mémoires d'un antisémite» : «Puis, brusquement, quelques mois plus tôt, Tudor a annoncé qu'il avait vécu une expérience religieuse qui avait changé sa vision des Juifs. Il a admis qu'il avait été antisémite, mais il a affirmé que Dieu lui avait ouvert les yeux et qu'il aimait désormais les Juifs autant qu'il les avait haïs. En effet, il a commencé à s'excuser pour son précédent discours de haine antisémite. L'homme qui avait jadis déclaré qu'il pouvait "parfaitement imaginer une culture mondiale sans Juifs" soutenait désormais qu'il avait réalisé combien les Juifs représentaient la quintessence même de la culture mondiale. Il a annoncé qu'il avait engagé Eyal Arad, un doreur d'image israélien bien connu, pour diriger sa campagne présidentielle. "Les Juifs" n'étaient plus ses ennemis, a-t-il déclaré; ils travaillaient même pour lui. Mais Tudor ne s'est pas contenté de faire d'abondantes excuses. Il a peu après parrainé l'inauguration d'un buste du Premier ministre israélien assassiné Yitzak

Rabin à Brasov en Transylvanie. Pour la circonstance, Tudor portait une kippa et a évoqué son "philosémitisme" pendant plus de deux heures. D'autres représentants du PGR, auxquels Tudor avait remis des kippas, traînaient les pieds d'un air gêné[1]. »

Notons enfin qu'entre 1993 et 1996 le Parti de la Grande Roumanie a pris part à la coalition gouvernementale formée par la gauche ex-communiste sous le nom de « quadrilatère rouge ». Comme dans le cas du SMER slovaque, le Parti de la Grande Roumanie montre qu'une coalition entre la droite populiste et la gauche est possible. Ce fait mérite d'autant plus d'être noté que, dans le cas de la Roumanie comme dans celui de la Slovaquie, les partis populistes avec lesquels s'allie la gauche relèvent de l'extrême droite raciste et antisémite fascisante. En 2004, le président social-démocrate, Ion Iliescu, avait décerné l'ordre de l'Etoile roumaine à Vadim Tudor pour sa contribution à la culture nationale.

Chaque fois, c'est l'hostilité de ces partis populistes à l'Europe qui provoque leur recul électoral. Les Européens des pays postcommunistes ont voulu l'OTAN et l'UE. Tous ceux qui semblaient compromettre cette marche vers l'intégration ont été écartés. En Pologne, *Samoobrona* paye le discours nationaliste et antisémite de Lepper, qui fut pris au piège d'un programme à la fois propaysan et antieuropéen, inaudible dans le cadre des promesses de la PAC, puis de ses effets bénéfiques. La reconversion précipitée de Vadim Tudor ne s'explique pas autrement. Le leader antisémite, raciste et

1. *Project Syndicate*, 13 août 2004.

antieuropéen roumain, à l'image du Polonais Andrzej Lepper, est soudainement devenu pour ses compatriotes un obstacle à l'entrée dans l'Union. L'adhésion à l'Europe a bloqué, pour un temps, le développement des thèmes associés à l'idéologie antieuropéenne, tels que le nationalisme raciste et l'antisémitisme. Pour le moment, dans les pays postcommunistes, l'expansion du populisme xénophobe, de gauche ou de droite, s'est heurtée à la volonté des populations de rejoindre l'OTAN et l'Union, clairement exprimée lors des référendums d'adhésion organisés au cours de l'année 2003. Cette barrière est fragile. Si les Européens des pays postcommunistes devaient un jour être déçus par l'adhésion, le populisme xénophobe retrouverait sans doute une vigueur nouvelle. Mais on notera que les cas de populisme qui réussissent à gauche ont tous en commun de mobiliser l'opinion xénophobe, à la fois dans le discours et dans des systèmes d'alliance avec des partis populistes de droite relevant des idéologies radicales, fascisantes et antisémites.

L'ancien président du SPD allemand, Oskar Lafontaine, qui fut ministre des Finances du premier gouvernement de Gerhard Schröder, de 1998 à 1999, est entré dans un désaccord de fond avec son parti qu'il a fini par quitter pour rejoindre le WASG (Alternative électorale pour le travail et la justice sociale)[1]. Créé en 2004, le WASG rassemblait les déçus de la social-démocratie allemande et du syndicalisme de coopération qui s'étaient compromis dans une politique jugée droitière

1. *Wahlalternative Arbeit und Soziale Gerechtigkeit.*

par l'aile gauche du SPD, adversaire farouche de Gerhard Schröder. Lafontaine était alors en train de faire au Parti social-démocrate allemand ce que Mélenchon, en France, voudrait faire au Parti socialiste français : l'attaquer sur sa gauche. Le WASG concluait alors une alliance électorale avec le Parti du socialisme démocratique (PDS), issu de l'ancien Parti communiste de l'ex-Allemagne de l'Est.

Résolument à gauche, antilibéral, manifestant une vive hostilité à l'Union européenne, la coalition WASG-PDS, qui réclamait l'organisation d'un référendum en Allemagne sur le Traité constitutionnel européen, venait en France soutenir la gauche du Non dans les meetings. Oskar Lafontaine était «l'invité vedette» d'Henri Emmanuelli. En juin 2005, lors d'une réunion électorale à Chemnitz, dans la Saxe, Oskar Lafontaine dénonçait la concurrence des travailleurs étrangers sur le marché de l'emploi : «L'Etat est dans l'obligation d'empêcher que des pères de famille et des femmes deviennent chômeurs parce que des travailleurs étrangers leur volent des postes de travail avec des bas salaires[1].» Or, pour désigner les «travailleurs étrangers», Lafontaine n'a pas recouru au terme *Gastarbeiter* (travailleur invité) habituellement employé, mais lui a préféré celui de *Fremdarbeiter* (travailleur étranger), terme banni du vocabulaire des partis démocratiques depuis 1945 parce qu'il était utilisé par les nazis qui qualifiaient ainsi les travailleurs forcés. Les déclarations de Lafontaine ont

1. *Le Monde* du 11 juillet 2005, propos rapportés par Adrien de Tricornot.

d'ailleurs provoqué les condamnations du Conseil central des Juifs d'Allemagne[1]. Le chancelier Schröder n'a pas hésité à accuser Lafontaine d'« attiser les sentiments racistes[2] ». Le politologue Manfred Güllner a replacé les propos d'Oskar Lafontaine dans une perspective stratégique : « Il y a un potentiel de populisme de droite – qui ne se matérialise pas par un vote d'extrême droite, sauf dans des situations particulières – et que M. Lafontaine tente probablement d'attirer[3]. » Dans la foulée Wolfgang Schmitt, le président du WASG pour la circonscription de Trèves, dénoncera à plusieurs reprises le soutien financier de l'Etat allemand à la restauration de synagogues, déclarant notamment : « On ne devrait pas donner autant d'argent aux Juifs[4]. »

En 2007, l'alliance WASG-PDS a débouché sur la fusion des deux organisations, donnant naissance à *Die Linke* (La Gauche). Lors des élections régionales d'août 2009, ce nouveau parti a réalisé des scores très élevés dans plusieurs Länder, notamment dans la Sarre (21,3 %), où Oskar Lafontaine menait la liste, dans la Saxe (20,6 %) et en Thuringe (27,4 %), deux fiefs situés sur le territoire de l'ancienne Allemagne de l'Est. Au niveau fédéral, les élections législatives de septembre 2009 se sont traduites par une forte poussée (11,9 %), faisant de *Die Linke* la quatrième force politique du

1. Par la voix de son président Paul Spiegel, cf. *Bild*, 5 juillet 2005.
2. *Le Monde* du 11 juillet 2005, propos rapportés par Adrien de Tricornot.
3. *Ibid.*
4. AFP, 15 août 2005. J'ai abordé ce point une première fois dans mon livre *Le Vertige social-nationaliste. La gauche du Non*, *op. cit.*

pays, devant les Verts. *Die Linke* est devenue un problème pour la gauche allemande de gouvernement. D'autant plus que l'opinion allemande est très marquée par le rejet de l'islam et des musulmans. En la matière, l'opinion de gauche ne se distingue guère de l'opinion de droite. Droite et gauche expriment un point de vue massivement négatif sur l'immigration, l'intégration et la possibilité d'une cohabitation harmonieuse. Le Parti social-démocrate qui n'a toujours pas osé prendre la décision, annoncée, d'exclure Thilo Sarrazin, est certainement très informé sur ce point. Une enquête menée en décembre 2010 par l'Ifop pour le journal *Le Monde* a montré la force de ces opinions négatives en France et en Allemagne[1]. A la question de savoir si la présence d'une communauté musulmane dans le pays est plutôt une menace pour l'identité du pays ou plutôt un facteur d'enrichissement culturel, 40 % des Allemands y voient plutôt une menace, mais ce chiffre monte à 49 % chez les répondants qui se disent proches de *Die Linke*, contre 38 % pour ceux qui sont proches du Parti social-démocrate et 45 % pour les proches de la droite CDU-CSU. D'une manière générale, sur les questions touchant à l'immigration, à l'intégration, à l'islam et à l'identité nationale, l'opinion des Allemands proches de *Die Linke* est plus négative dans un climat lui-même très négatif. Le constat d'un échec de l'intégration est partagé par 75 % de l'ensemble des Allemands, par 74 % des Allemands qui se situent à gauche et par 76 % des Allemands qui se disent proches de *Die Linke*.

1. *Regards croisés France/Allemagne sur l'islam*, 13 décembre 2010

De manière particulièrement significative, quand il s'agit d'expliquer les causes de l'échec dans l'intégration des musulmans, « leur refus de s'intégrer à la société allemande » arrive largement en tête, dans l'ensemble de la population (67 %), dans l'ensemble de la gauche (64 %) comme chez les proches de *Die Linke* (65 %). L'explication par « les difficultés économiques et le manque de travail », poutre-maîtresse d'une pensée de gauche, est pourtant délaissée par les proches de la SPD (5 %) ou de *Die Linke* (13 %). Enfin, s'il faut choisir les trois caractéristiques, parmi une liste de huit, qui correspondent le mieux à l'idée que l'on se fait de l'islam, le « rejet des valeurs occidentales » et le « fanatisme » sont largement majoritaires. La sévérité de ce jugement est, une fois encore, plus grande parmi les électeurs proches de *Die Linke* que parmi ceux proches du Parti social-démocrate (SPD) : 69 % des Allemands associent le rejet des valeurs occidentales à l'islam, ce chiffre atteignant 72 % chez les proches de *Die Linke* et 67 % chez les proches du SPD.

## Le problème de Mélenchon

Depuis quelques années, Mélenchon subit manifestement l'attraction du discours populiste de droite. Il devine la supériorité de sa force. Il hésite. Il s'approche. Il n'est pas ressorti le même de la campagne référendaire de 2005. Pour avoir été victorieuse, son opposition au Traité constitutionnel européen l'avait incontestablement mis au contact des thèmes xénophobes qui avaient joué un rôle important dans le rejet du texte. On se souvient de cette scène, filmée et diffusée par la chaîne de télévision France 2 le jour du scrutin, où l'on voit un jeune militant socialiste s'adresser à Jean-Luc Mélenchon pour lui reprocher, avec précaution, sa campagne contre le Traité européen, invoquant notamment un devoir de solidarité avec les nouveaux pays membres, sortis du communisme, dans une argumentation brutalement interrompue par Mélenchon : « Eh bien, qu'ils aillent se faire foutre ! Lituaniens ? T'en connais, toi, des Lituaniens ? J'en ai jamais vu un moi[1] ! »

C'est aussi au cours de cette campagne référendaire que Mélenchon a changé de point de vue sur la Turquie. Jusque-là, il était l'un des défenseurs de son entrée dans l'Union. Le référendum le fait basculer dans le camp des opposants : « Je ne peux pas être satisfait dans le cadre intellectuel qui est le mien. Cette façon dont on traite la Turquie, au fond, il s'agit pour la Turquie de venir faire la bête d'appoint du dumping social en Europe[2]. » Au cœur de la campagne contre le traité, il fournira une explication : « Moi, je n'ai rien contre aucun Turc, ni d'ailleurs contre aucun citoyen de quelque pays du monde que ce soit. Je sais seulement que ceux qui veulent faire entrer la Turquie aujourd'hui dans l'Europe le veulent pour projeter une masse de 80 millions de personnes, qui ont des salaires et des droits sociaux bien plus bas que ceux de l'Europe, sur le dos des autres en se disant que, le temps que les Turcs

1. « Le jour où la France a dit "non" », 2 juin 2005, France 2.
2. RTL, 17 décembre 2004. Propos recueillis par Jean-Michel Aphatie.

arrivent, les Polonais et les autres qui viennent d'arriver dans l'Europe auront vu leurs droits sociaux remonter, donc on disposera une nouvelle fois d'une manière de presser sur le citron des pauvres gens qui vivent de leur travail. Quant au reste, les Turcs auraient tort de se gêner en quelque sorte, parce que véritablement les dirigeants européens sont prêts à leur lécher les pieds, s'ils le souhaitent, dans la mesure où ils ont besoin d'eux pour réaliser la sale besogne que je viens de vous expliquer[1]. »

Engagé dans la campagne présidentielle de 2012, Mélenchon emprunte une part du populisme de droite pour profiter d'un peu de sa puissance. Il en reprend la protestation antifiscaliste, qui n'est pas un thème traditionnel du PCF ou de la gauche, mais typiquement un thème de droite. Toujours à la manière des populistes de droite, il l'enveloppe dans l'une de ses nombreuses attaques contre l'Europe : « L'Union européenne abolit notre histoire républicaine et elle nous le fait payer sonnant et trébuchant ! Contributeur net au budget de l'Europe, le peuple français donne généreusement. Vous ne le saviez pas ? En 2009, la France a donné 5 milliards d'euros de plus qu'elle n'a reçu. La note ne cesse de s'alourdir ! Au point que chaque Français contribue désormais pour 284 euros par an au budget européen, contre seulement 200 euros par Allemand[2]. » En jouant aussi maladroitement de l'antagonisme franco-allemand, Mélenchon achève de dissoudre son fédéralisme

1. Propos recueillis par Jean-Jacques Bourdin, RMC, 2 mai 2005.
2. *Qu'ils s'en aillent tous !*, *op. cit.*, p. 76-77.

et son internationalisme passés. Pour quoi faire ? Certes, il reprend désormais la tradition antieuropéenne et antiallemande du PCF, mais en matière de nationalisme et de xénophobie, il faut aller beaucoup plus loin pour obtenir les succès que l'expression de tels sentiments assure, en effet, aux partis populistes de droite ou de gauche. La promotion de l'opinion xénophobe est une condition *sine qua non* du succès électoral populiste. Tel est le problème de Jean-Luc Mélenchon.

## La poussée de l'opinion xénophobe en Europe

En octobre 2010, selon une étude intitulée « Crise dans l'Allemagne moyenne », publiée par la Fondation Friedrich-Ebert, *think tank* allemand proche du Parti social-démocrate, plus de la moitié des Allemands (58,4 %) estiment qu'il faut considérablement restreindre la pratique de l'islam en Allemagne[1], la moitié des Allemands (50 %) tolèrent mal les musulmans, un tiers (35 %) estiment que l'Allemagne est « submergée » par les étrangers, plus d'un Allemand sur deux (55,4 %) dit comprendre que « pour certaines personnes, les Arabes soient désagréables » et un tiers (34,3 %) considèrent que les étrangers ne viennent en Allemagne que pour profiter des prestations sociales. L'un des auteurs de l'étude, Oliver Decker, a noté qu'« en 2010, on

1. 13 octobre 2010, Yannick Pasquet, Agence France-Presse, Berlin. Etude réalisée en avril 2010, auprès d'un échantillon de 2 400 personnes âgées de 14 à 90 ans.

assiste à une augmentation significative des prises de position antidémocratiques et racistes[1] ». L'étude montre notamment que les idées d'extrême droite et l'islamophobie sont désormais largement répandues dans les opinions de la classe moyenne. Selon cette même étude, 23,6 % des personnes interrogées jugent que « l'Allemagne a besoin d'un parti fort » et 13,2 % des Allemands considèrent que le pays a besoin d'un « Führer » pour la diriger.

Comme le remarquent les deux chercheurs auteurs de cette étude, les périodes de crise économique favorisent les opinions xénophobes et antidémocratiques. On peut noter, dans d'autres pays, la progression récente des idées de repli, des sentiments hostiles à l'immigration, voire aux Juifs. La crise économique que connaît l'Europe depuis 2007 a pu produire de tels effets sur l'opinion des Européens, mais il existe aussi bien d'autres causes à ce glissement, moins liées aux conjonctures et plus révélatrices de mutations plus profondes. Le Transatlantic Trends a lancé une série d'enquêtes sur les questions d'immigration et d'intégration. Une première édition a eu lieu en 2008, la deuxième en 2009[2]. A la question de savoir si l'immigration est « plutôt un problème ou plutôt une opportunité », 50 % des Européens y voient « plutôt un problème ». Ils étaient 43 % lors de la vague précédente. Dans tous les pays concernés par l'étude, cette opinion connaît une pro-

1. *Ibid.*

2. J'ai proposé une première présentation et analyse de ces données dans mon article « Mauvais temps, mauvaises pensées », in *L'Opinion européenne en 2010*, Editions Lignes de Repère, 2010, p. 17-32.

gression sensible, mais c'est dans les pays européens que la progression est la plus forte.

D'une année sur l'autre, c'est parmi les Néerlandais que cette opinion progresse le plus fortement, passant de 36 % à 45 %, tandis que les Espagnols (58 %) et les Britanniques (66 %) sont les plus nombreux à juger l'immigration problématique. Au Royaume-Uni, cette opinion, déjà très répandue lors de la vague antérieure (61 %), augmente encore de 5 points ; en France, l'opinion passe de 39 % à 43 % ; en Allemagne de 39 % à 44 % ; en Italie de 45 % à 49 %[1].

A la question de savoir si la plupart des immigrés sont arrivés légalement ou illégalement dans le pays de la personne interrogée, les réponses varient très sensiblement : pour une majorité d'Espagnols (55 %) et d'Italiens (66 %), les immigrés présents sur le territoire national son arrivés illégalement. En revanche, dans les autres pays européens, la plupart des personnes interrogées estiment que les immigrés sont venus légalement : 80 % des Allemands, 71 % des Néerlandais, 69 % des Français et 53 % des Britanniques expriment cette opinion.

Connaître la manière dont l'opinion apprécie le statut de la présence immigrée, légale ou illégale, est un point crucial car, au sein de l'Union, l'immigration préoccupe moins que l'immigration illégale. Si un quart des Européens (26 %) se déclarent inquiets face à l'immigration, ils sont deux tiers (67 %) à se dire préoccupés

1. Transatlantic Trends, 2009 (le Canada et l'Espagne n'étaient pas dans le panel en 2008).

par l'immigration illégale. Cette inquiétude bat tous les records en Italie (81 %). Au Royaume-Uni, un très haut niveau de préoccupation pour l'immigration illégale (68 %) se combine avec le plus haut niveau d'inquiétude face à l'immigration en tant que telle (36 %)[1].

Particulièrement préoccupés par l'immigration illégale, les Européens n'en sont pas moins favorables à une politique de régularisation des immigrés en situation irrégulière. Ils semblent même y être plus favorables que l'année précédente. En moyenne, 43 % des Européens se prononcent en faveur de la régularisation des immigrés illégalement installés, pour 39 % un an plus tôt. Les Français (55 %) et les Allemands (52 %) sont les plus nombreux à y être favorables tandis que seuls 28 % des Britanniques soutiennent cette option[2].

Les immigrés légalement arrivés bénéficient d'une opinion bienveillante. Ainsi, les trois quarts des Européens interrogés (72 %) approuvent l'idée selon laquelle les immigrés légaux doivent avoir un droit d'accès aux services sociaux identique à celui des autres membres de la communauté nationale. Seuls un quart des Européens s'y opposent (27 %), les Britanniques se distinguant cependant par un désaccord beaucoup plus marqué (47 %). L'accès des immigrés aux droits politiques nationaux obtient également le soutien d'une majorité d'Européens (58 %) mais le niveau de l'opposition (41 %) est sensiblement plus élevé que dans le cas des prestations sociales (27 %). Ce ne sont plus les

1. *Ibid.*
2. *Ibid.*

Britanniques mais les Allemands qui affichent l'hostilité la plus grande au partage des droits politiques (49 %).

Favorables à la régularisation des immigrés en situation irrégulière, les Européens se disent également favorables à l'intégration complète des immigrés au sein de leur pays d'accueil. C'est peut-être en raison de cette bienveillance déclarée et ressentie que les Européens attribuent davantage les difficultés d'intégration à la mauvaise volonté des immigrés eux-mêmes (48 %) qu'à des mécanismes de discrimination dont les arrivants seraient victimes (36 %). Les Européens n'ont pas le sentiment d'être hostiles aux immigrés. Notons cependant que sur ce sujet les variations entre les pays sont importantes. Ainsi, pour les Italiens (47 %) comme pour les Français (48 %), les discriminations sont la raison principale des difficultés d'intégration des immigrés, tandis que les Britanniques (49 %), les Néerlandais (54 %), les Espagnols (56 %) et les Allemands (60 %) imputent en premier lieu ces difficultés à la mauvaise volonté des immigrés[1].

Peut-être faut-il voir dans cette imputation de responsabilité l'illustration d'une tension nouvelle, voire le point d'appui d'une réaction xénophobe. Les auteurs de l'enquête transnationale menée par le Pew Global Attitudes Projects affirment constater, en Europe, une progression des « attitudes ethnocentriques ». Selon eux, dans plusieurs pays européens un nombre croissant de personnes reconnaissent avoir une mauvaise opinion des musulmans. Mais ils ajoutent que l'opinion à l'égard des

1. *Ibid.*

Juifs est également plus négative qu'il y a quelques années. Au printemps 2008, selon cette enquête, près de la moitié des Espagnols (46 %) exprimaient une opinion défavorable aux Juifs. Ils étaient 39 % en 2006 et 21 % en 2005. En trois années. la proportion a doublé. En Pologne, plus du tiers des personnes interrogées (36 %) disent avoir une mauvaise opinion des Juifs, contre un quart (27 %) en 2005. En Allemagne, cette opinion est partagée par 25 % des répondants, soit une progression de 5 points par rapport à l'enquête initiale de 2004. En France, la proportion de personnes interrogées exprimant un avis similaire a doublé entre 2004 (11 %) et 2008 (20 %).

Sur ce point, le Royaume-Uni se distingue, aux côtés des Etats-Unis, par une stabilisation à un niveau relativement faible du nombre de personnes déclarant avoir une mauvaise opinion des Juifs. En revanche, les trois quarts des Turcs interrogés (76 %) admettent avoir une mauvaise opinion des Juifs, pour la moitié (49 %) en 2004. La progression d'une telle opinion en Turquie aura non seulement des effets sur la perception de la candidature à l'Union de ce pays mais aussi sur l'intégration et le rôle des immigrés turcs dans les pays européens d'accueil, notamment en Allemagne, en Belgique et en France[1].

Dans les cinq pays européens couverts par l'étude, l'opinion négative à l'égard des musulmans est comparativement plus fréquente. Elle concerne une personne sur deux en Allemagne (50 %), en Espagne (52 %), en

1. The Pew Global Attitudes Project, 2008.

Pologne (46 %), et plus d'une personne sur trois en France (38 %). En 2008, c'est au Royaume-Uni que l'opinion négative à l'égard des musulmans est relativement la moins répandue (23 %) ou la moins déclarée[1].

Si la crise économique favorise les opinions xénophobes, l'opinion que les Européens ont des musulmans est à l'évidence affectée par les crises politiques et les actes terroristes qui ont pu impliquer des organisations se réclamant de l'islam. Il est certain que les Européens ont modifié leur point de vue sur l'islam et les musulmans à la suite du 11 Septembre 2001, comme le montrent de nombreuses enquêtes d'opinion menées à l'échelle nationale dans les différents pays de l'Union. Dans certains pays, cet événement a pu jouer un rôle politique national en favorisant les formations populistes. En Espagne, la poussée de l'opinion hostile aux musulmans est l'une des conséquences de l'attentat perpétré à Madrid le 11 mars 2004. Enfin, au Royaume-Uni, la remontée puis la progression d'une telle opinion sont consécutives à l'attentat de Londres le 7 juillet 2005.

De même, le jugement négatif a été relancé ou affermi par les crises politiques nées de la confrontation entre l'affirmation de la liberté d'opinion et l'expression d'une intolérance se réclamant de l'islam. Indiscutablement, ces résultats portent la trace d'événements tels que l'affaire des caricatures de Mahomet ou l'assassinat de Theo Van Gogh. Ces crises ont donné naissance à la dénonciation d'un islam intolérant, y compris de la part des élites intellectuelles, politiques et sociales, tandis que,

1. *Ibid.*

jusqu'à la fin des années 90, l'opinion négative vis-à-vis de l'islam et des musulmans représentait un préjugé que l'on attribuait au désarroi de classes populaires encouragées par des leaders populistes.

Parmi les Européens, la mauvaise opinion déclarée à l'égard des Juifs se combine avec une mauvaise opinion déclarée à l'égard des musulmans, formant une sorte de double opinion négative. Celle-ci est particulièrement fréquente chez les personnes les plus âgées (50 ans et plus), les moins diplômées, et parmi les proches des partis de droite. Elle est cependant partagée par plus d'un quart des sympathisants des formations de la gauche ou du centre. L'information fournie par le Pew Global Attitudes Project montre ainsi que, en France, en Allemagne et en Espagne, le jugement doublement défavorable, aux Juifs et aux musulmans, est exprimé par 34 % des proches de la droite, par 28 % des proches de la gauche et par 26 % des proches du centre.

Si les données recueillies confirment l'existence d'une hostilité d'opinion plus répandue dans les milieux populaires, elles montrent aussi que les catégories sociales supérieures ne sont plus épargnées, comme l'indique le fort niveau d'opinion négative à l'encontre des musulmans que l'on note parmi les diplômés de l'enseignement supérieur (37 %). L'enregistrement de la montée en puissance d'une opinion implique nécessairement qu'elle tend à dépasser les clivages sociaux traditionnels. Cela est confirmé par la prise en compte de l'affiliation partisane. Selon les données du Pew Global Attitudes Project, si l'opinion négative vis-à-vis des musulmans domine nettement à droite (56 %), elle atteint cependant des niveaux très élevés à gauche (42 %) et au centre (45 %)[1].

L'enquête du Transatlantic Trends Immigration montre que les opinions sur l'immigration tendent également à dépasser les clivages politiques et sociaux. Bien sûr, ces derniers ne disparaissent pas entièrement. Ainsi, plus les personnes sont économiquement exposées ou fragilisées, plus elles sont susceptibles de se reconnaître dans une opinion hostile à l'immigration, voire aux immigrés. Les classes populaires peuvent donc devenir plus sensibles au thème de l'immigration, soit temporairement, en raison des conjonctures économiques, soit durablement, dans l'hypothèse d'un épuisement historique des politiques publiques de redistribution.

Pour éclairer ce point, il nous faut revenir sur l'enquête du Transatlantic Trends qui propose une analyse des perceptions de l'immigration par l'affiliation politique. Les résultats révèlent que, en 2009, l'opinion selon laquelle « l'immigration est plus un problème qu'une opportunité » est nettement plus répandue parmi les personnes qui se déclarent proches des partis de droite (65 %). Mais l'opinion n'en progresse pas moins à gauche (35 %) et elle est devenue prédominante chez les personnes qui se disent proches des formations du centre (50 %)[2].

La nature du regard que les Européens portent sur l'immigration est en passe de devenir une contrainte politique importante. Elle pourrait peser sur les rapports

1. *Ibid.*
2. Transatlantic Trends, 2009.

de forces nationaux comme sur le fonctionnement des mécanismes européens ainsi que sur la perception publique de l'Union. Au plan national, si les partis de gouvernement ne parviennent plus à capter le vote des catégories populaires aussi efficacement que dans les années 70, ils devront savoir répondre aux tensions nées d'une situation historique singulière alliant vieillissement démographique, multiculturalisme de fait, crise des finances publiques et faible croissance économique. Le vote des ouvriers, pour la gauche, ou le vote des retraités, pour la droite, illustrent la possibilité d'une égale pénétration de ces enjeux au cœur des électorats qu'ils soient de gauche et de droite. Ces mouvements d'opinion sont susceptibles de trouver un écho différent – et ce pourrait être nouveau – auprès d'une partie des élites intellectuelles et sociales qui ont elles-mêmes modifié leur point de vue. Celles-ci prennent désormais plus souvent en charge un discours d'alerte, pointant les problèmes de l'immigration au nom de la défense des libertés individuelles et de la liberté d'opinion, ou encore au nom de l'égalité entre les hommes et les femmes. On soulignera ici la possibilité d'une sensibilité croissante des femmes à la question de la liberté et de l'égalité que certaines expressions du multiculturalisme semblent discuter et dont témoigne par exemple le débat confus autour du port de la burqa en France.

De toutes les opinions nationales étudiées par le Transatlantic Trends consacré à l'immigration, l'opinion des Britanniques frappe moins par son décalage comparativement à l'opinion des Européens – c'est une habitude – que par sa dureté à propos de l'immigration.

On peut deviner dans ces résultats l'une des causes du virage spectaculaire opéré par David Cameron à propos du multiculturalisme en février 2011 : les Britanniques sont les plus nombreux (20 %) à regarder l'immigration comme le principal problème auquel leur pays doit faire face ; ils sont majoritaires parmi les Européens à penser que l'immigration est davantage un problème qu'une opportunité (66 %, pour une moyenne européenne de 50 %) ; les Britanniques sont les moins favorables (28 %) à une légalisation des immigrés en situation irrégulière (loin de la moyenne européenne, 43 %) ; ils rejettent de la façon la plus massive l'idée d'étendre le bénéfice des prestations sociales aux immigrés en situation régulière (47 % s'y opposent, pour une moyenne européenne de 27 %) ; les Britanniques sont encore les plus nombreux à surestimer la proportion d'immigrés dans leur population nationale (27 % pour une présence réelle de 10 %). C'est encore au Royaume-Uni que l'on observe la plus forte relation entre la dégradation – perçue – de la situation financière de la personne interrogée et l'expression d'une préoccupation pour l'immigration illégale. Enfin, les Britanniques sont les plus sévères quand il s'agit d'évaluer la gestion de l'immigration par leur gouvernement national : 71 % d'entre eux émettent un jugement négatif, loin devant les Espagnols (64 %) et les Italiens (53 %), tandis que les autres nations portent un jugement plus positif sur l'action de leur gouvernement national en ce domaine, qu'il s'agisse des Français (50 %), des Néerlandais (53 %) ou des Allemands (71 %). La sévérité du jugement britannique sur la gestion nationale de l'immigration est d'autant plus singulière qu'elle s'accompagne d'un fort scepticisme en ce qui concerne l'efficacité de l'Union. Alors que 58 % des Européens considèrent que les politiques de gestion de l'immigration doivent être menées au niveau de l'Union, la plupart des Britanniques (53 %) optent pour le niveau national.

En février 2011, une enquête d'opinion a mis en valeur la rapide montée en puissance de l'opinion xénophobe en Grande-Bretagne[1]. L'enquête a été réalisée par l'institut Populus pour le compte de *Searchlight Educational Trust*, une association activement engagée dans l'antiracisme et l'antifascisme, frontalement opposée à la droite du BNP, du UKIP et de la *English Defence League* (EDL), dernier-né, en juin 2009, de la famille populiste, antimusulmane et xénophobe de ce pays. Ce sondage montre que 48 % des Britanniques sont prêts à soutenir un parti d'extrême droite s'il renonce à la violence. L'enquête révèle que les grands partis de gouvernement ont perdu toute crédibilité auprès des électeurs pour les questions d'identité nationale. L'islam est manifestement devenu un enjeu important, une majorité (52 %) des Britanniques interrogés approuvant l'idée que « les musulmans créent des problèmes au Royaume-Uni ». Plus largement, c'est l'immigration qui s'impose comme un thème majeur, producteur de clivages ethniques. Ainsi, parmi les citoyens britanniques, 17 % des Noirs, 43 % des Asiatiques et 63 % des Blancs disent être d'accord avec l'opinion selon laquelle « dans l'ensemble, l'immigra-

1. www.fearandhope.org.uk/project-report

tion a été une mauvaise chose pour le pays». L'étude souligne également la résurgence d'un nationalisme anglais, 39 % des Anglais interrogés assurant préférer se définir eux-mêmes comme Anglais plutôt que comme Britanniques («*English rather than British*»). Dans leurs commentaires, les représentants de *Searchlight Educational Trust* considèrent que la tolérance supposée plus grande des Britanniques n'est pas due à un hypothétique trait culturel, produisant une modération singulière, mais plus simplement au fait que les opinions xénophobes n'ont pas encore été prises en charge politiquement. Ils concluent qu'avec un système électoral comparable à celui de la France ou des Pays-Bas, la droite populiste britannique atteindrait les niveaux du Front national français ou du Parti de la Liberté hollandais[1].

Les problèmes de cohabitation religieuse et culturelle ne sont pas sur le point de s'éteindre en Europe. En effet, les nouvelles générations sont à peine moins concernées par le problème, comme le montre l'enquête menée auprès des 16-29 ans par TNS Opinion pour le compte de la Fondation pour l'innovation politique dans 25 pays dont 12 pays européens[2]. Les résultats de l'enquête montrent que, d'une manière générale, les opinions négatives envers les musulmans sont répandues

1. *The Guardian*, 26 février 2011

2. L'enquête combinait deux échantillons pour chacun des 25 pays. Un premier échantillon de 1 000 personnes par pays, âgées de 16 à 29 ans ; un second échantillon de contrôle de 300 personnes par pays, âgées de 30 à 50 ans (les résultats complets sont disponibles sur le site de la Fondation : wwwfondapol.org).

au sein de la jeunesse, en particulier dans quatre des principaux pays d'immigration que sont l'Espagne, la France, l'Allemagne et le Royaume-Uni. En Europe, les jeunes qui déclarent le plus d'opinions négatives à l'égard des musulmans sont les Espagnols (42 %), les Allemands (37 %), les Français (37 %), les Suédois (35 %) et les Britanniques (32 %). Au contraire, les niveaux les plus faibles d'opinions négatives se trouvent chez les Polonais (17 %) et les Roumains (14 %).

Si l'on interroge les jeunes sur le fait de savoir si les immigrés doivent pouvoir conserver leurs traditions et leur culture dans la société d'accueil ou s'ils doivent au contraire s'intégrer, la plupart des jeunes Européens expriment une préférence pour l'intégration, tels les Espagnols (68 %), les Allemands (67 %), les Français (67 %), les Britanniques (66 %), les Italiens (63 %), les Finlandais (61 %) et les Suédois (57 %). A l'inverse, ceux qui expriment une préférence pour une société de type multiculturel sont les Chinois (85 %), les Mexicains (75 %), les Brésiliens (75 %), les Polonais (71 %), les Indiens (68 %), les Marocains (63 %) et les Turcs (59 %). On peut donc dire que les jeunesses les plus favorables au modèle multiculturel appartiennent à des pays d'émigration tandis que les jeunes les plus favorables à l'intégration appartiennent à des pays d'immigration. Ce système de préférences croisées, qui voit les pays d'émigration défendre le multiculturalisme et les pays d'immigration préférer l'intégration, laisse deviner la place que joueront demain les controverses suscitées par la cohabitation culturelle dans les pays européens.

## POPULISME ET MÉDIAS : L'ÉTRANGE PARENTÉ

Le monde médiatique entretient avec le populisme une relation trouble. Le populisme est fustigé comme une perversion de la politique et, en même temps, adoré pour la performance spectaculaire qu'il accomplit : « Je suis le bruit et la fureur, le tumulte et le fracas ! » Le 21 novembre 2010, quand il lance cette formule grandiloquente devenue fameuse, Jean-Luc Mélenchon sait, ou sent, qu'il existe une sorte de relation ambiguë entre le populisme et les médias, en particulier dans le cas des médias audiovisuels. On devine une complicité entre les deux sur la base d'une promesse implicite de rendement médiatique. L'information spectacle et la politique spectacle se rejoignent et fusionnent dans le populisme. On assiste à une variante de l'*entertainment*, des programmes de distraction. Le discours populiste peut être jubilatoire quand il percute et fait voler en éclats les règles d'usage du dialogue sérieux et mesuré. Pour cette raison tous les chefs populistes sont des rhéteurs invincibles. Tous sont des « bêtes de scène » ayant capacité à nourrir les micros et les caméras de leur prodigieuse verbosité. De toutes les qualités requises pour tenter l'aventure populiste, cette disposition du locuteur à régaler son auditoire de formules frappantes et de caricatures est omniprésente. En Europe, chacun des chefs populistes d'aujourd'hui mérite le qualificatif de « télépopuliste ». Le populisme est une politique de l'émotion. Sans doute toute politique mobilise-t-elle une part d'émotion, mais la singularité de la politique populiste est de n'être qu'émotion. C'est une politique médiatique jouant sur les ressorts affectifs : colère, peur, jalousie, envie, nostalgie, etc. Le populisme combine volontiers les couples d'extrêmes en un jeu où le *high* succède brutalement au *low*, le positif au négatif, comme l'amour à la haine, l'enthousiasme à la dépression, l'admiration au mépris, le désir au dégoût. L'acteur populiste n'aime rien tant que se donner en spectacle à son public et l'enivrer de ses envolées verbales, toujours dans le rythme, bataillant dans l'intensité, contre l'injustice; dans la fureur, dénonçant le scandale. En ce sens, ses performances théâtrales ne peuvent que susciter l'engouement des médias et le respect des professionnels du spectacle, presque ses pairs. Force est de constater d'ailleurs qu'aucun humoriste n'est jamais parvenu à infliger à Jean Marie Le Pen, à sa fille ou à Jean-Luc Mélenchon le traitement dévastateur réservé aux responsables des partis de gouvernement.

Ils ne savent pas rassembler, mais ils pratiquent l'art du consensus émotionnel, fabriqué en vitupérant des minorités imaginaires, telles que « les grosses bouches à fric [...] contaminées jusqu'à la moelle par la finance » dénoncées par Mélenchon[1]. Ils rassemblent de larges audiences et suscitent un intérêt qui dépasse de beaucoup le cercle de leurs électeurs. En se dégageant des cadres de la pensée extrémiste, de droite ou de gauche, pour opérer la métamorphose populiste, ils abandonnent les controverses idéologiques pour militants initiés au profit d'enjeux de société qui préoccupent les citoyens

1. *Qu'ils s'en aillent tous !*, *op. cit.*, p. 57.

de base et qui sont cependant délaissés par les partis de gouvernement. Avant d'être populistes, ces enjeux sont populaires. Comme tels, presse, radios et télévisions peuvent d'autant moins ignorer ces enjeux qu'ils leur permettent de créer et de cultiver les liens qui les rattachent aux grandes audiences recherchées. La complicité qui unit les populistes aux médias tient aussi au fait qu'ils entrent ensemble en résonance avec les inquiétudes et les états d'âme du public.

Mais les populistes font l'expérience de leur dépendance à l'égard des médias qui seuls peuvent mettre en scène un populiste qui porte la colère du peuple. Sans cette représentation, sans les médias, les imprécations et les dénonciations des populistes ne seraient rien d'autre que des gesticulations inaudibles. Les médias forment le parlement sauvage du populisme, un parlement sans élection, où la popularité et l'audience donnent le droit d'entrer, de siéger et de prendre la parole, sans aucune contrainte de responsabilité.

Enfin, il faut souligner une fois encore que le populisme échappe à cette dérision omniprésente dans les médias qui emporte les représentants des partis de gouvernement dans un jeu de massacre dévastateur pour leur image, leur réputation et leur autorité. Etrangement, les populistes bénéficient d'un traitement privilégié qui les rehausse par contraste. Lorsque Jean-Luc Mélenchon a lancé, le 21 octobre 2010 : « Je suis le bruit, la fureur, le tumulte et le fracas », il aurait dû inspirer les moqueries des chroniqueurs et susciter l'hilarité du public. Ce ne fut pas le cas. Or, celui qui n'est pas objet de moqueries est respecté. Les médias mettent donc en scène les populistes comme les seuls membres de la classe politique dont on ne rit pas.

## Droitisation de la politique

En Europe, le vieillissement produit des effets redoublés sur la population électorale. Les électeurs sont de plus en plus âgés, puisque l'on vit de plus en plus longtemps, et la proportion des électeurs âgés est de plus en plus importante, car le renouvellement naturel est insuffisant. Le poids du comportement électoral des seniors est donc déterminant. D'autant plus que, sur ce plan, les seniors pèsent de deux manières : par le nombre d'électeurs inscrits qu'ils représentent ; et par le nombre de bulletins qu'ils déposent dans les urnes, sachant que les électeurs âgés s'abstiennent moins que les jeunes. Plus civiques, plus disciplinés ou plus motivés, ils pèsent fortement sur la décision électorale. Or, de plus en plus, ces électeurs âgés seront des retraités. Le nombre des retraités dans l'électorat va monter en flèche au cours des prochaines années. En France, pour l'année 2009, on peut comparer les 760 000 personnes environ qui ont pris leur retraite, et sont devenues des électeurs retraités, avec le nombre de nouveaux citoyens, c'est-à-dire de personnes qui sont parvenues la même année à la majorité électorale et que l'on peut estimer à moins de 400 000. La plupart du temps, ces nouveaux électeurs peinent à s'inscrire puis, quand ils possèdent leur carte électorale, ils tardent à prendre part aux scrutins.

Inévitablement, à système constant, les partis de gouvernement ou populistes vont avoir tendance à se désintéresser des nouvelles générations. Ils se tourneront au contraire de plus en plus souvent vers les citoyens actifs, participatifs, mais légitimement désireux de tirer tous les bénéfices promis, prévus ou attendus du passage à la retraite, de préserver ce programme de vie de toute altération, de maintenir le niveau des revenus et le style de vie qui lui sont attachés. Est-ce aller trop vite en besogne que d'imaginer une population de plus en plus âgée dessinant une société plus rétive aux changements et plus sensible aux manifestations de la différence ? Quels seront les grands arbitrages concernant l'affectation de la dépense publique ? A défaut d'une forte croissance économique, les décisions seront douloureuses, car le recours à l'endettement est désormais très limité. Les contraintes de ressources et l'âge des électeurs commanderont le choix des enjeux. C'est le point d'appui des nouveaux clivages programmatiques portés par de nouveaux partis politiques. Les demandes de conquête de nouveaux droits économiques et sociaux, ou d'un redéploiement des droits existants, pourraient demain occuper une place moins importante que les demandes de conservation des droits acquis. En matière d'investissement public, il faudra choisir les points sur lesquels on voudra faire porter l'effort : plutôt l'éducation ou plutôt la sécurité, plutôt la solidarité ou plutôt l'assurance, etc. De plus, le niveau de la pression fiscale sera certainement l'un des grands enjeux du débat public et de la compétition électorale.

Par ses caractéristiques, le populisme patrimonial

paraît bien placé : antifiscalisme, conservatisme politique, libéralisme culturel, individualisme, laïcité... De tels éléments peuvent former les pièces d'un programme capable de capter l'attention des catégories aisées et médianes de l'électorat, et de maintenir une forte capacité d'attraction auprès des catégories plus modestes, notamment en désignant l'immigration comme la cause principale de leurs difficultés. L'immigré est comme la charnière par laquelle les deux mondes sont associés : pour les classes populaires, il exerce une concurrence sur le marché de l'emploi et une pression sur le niveau des salaires; pour les classes moyennes, il consomme une part excessive de la solidarité dont elles estiment assurer le financement; enfin, l'immigré est censé perturber l'identité nationale par un défaut d'intégration ou l'imposition d'un multiculturalisme que l'on regarde comme une agression et une menace de premier plan, depuis les classes populaires jusqu'aux couches les plus aisées : «*I want my money back*» et «la France aux Français» se marient parfaitement dans un programme de fermeture au monde, aux autres et au futur.

Le refus de l'augmentation des impôts gagne en puissance. Il jouera un rôle qu'il n'avait pas dans le dénouement des élections passées. Aux Etats-Unis, c'est un thème clé du mouvement *Tea Party* («TEA» contenant un jeu de mots dans le sigle signifiant «*Taxed Enough Already*» ou «déjà assez taxés comme ça»). En Suède, le débat sur le niveau de la pression fiscale a contribué à la défaite des sociaux-démocrates lors des élections législatives d'octobre 2006. La campagne a largement porté sur cet enjeu. La droite doit sa victoire à une modification de sa doctrine, rassurant de nombreux Suédois en indiquant ne plus vouloir remettre en cause l'Etat providence, ainsi qu'à la promesse faite aux retraités de baisser leurs impôts, tandis que les partis de gauche s'apprêtaient à les augmenter pour financer un programme ambitieux de services publics et de politiques sociales. En France, on se souvient que, lors des élections législatives de 2007, l'esquisse d'un débat télévisé évoquant une hausse de la TVA a coûté de nombreux députés à la majorité.

Si le populisme patrimonial menace la droite de gouvernement, il nuit également au projet de type social-démocrate. Dans les sociétés européennes, âgées, aisées, les classes populaires pourraient perdre durablement le pouvoir de faire basculer les programmes gagnants en faveur des politiques de redistribution et de solidarité. La construction d'une base électorale plus large, de type populaire, si elle demeure possible, se heurtera aux revendications des classes moyennes, de plus en plus sensibles au thème de la pression fiscale. En période de stagnation des revenus ou de faible augmentation, la hausse de la pression fiscale suscite de vives réactions.

Le populisme patrimonial engage une compétition avec la droite de gouvernement sur le terrain du conservatisme, matériel et identitaire. Cette compétition ne saurait garantir la victoire de la droite de gouvernement, car les assises électorales du populisme patrimonial sont potentiellement beaucoup plus larges que celles de l'extrême droite classique. Mais si la concurrence du populisme bouscule la droite de gouvernement, elle indique en même temps que le combat se situe à droite, signifiant la défaite idéologique de la gauche. Si la gauche peut encore accéder au pouvoir à la faveur d'une « triangulaire », elle « a perdu – comme tout porte à le croire – la capacité de donner sa forme au monde[1] ».

1. Raffaele Simone, *Le Monstre doux. L'Occident vire-t-il à droite ?*, *op. cit.*, p. 160.

# 7

# Contre le populisme : vivre ensemble

Les Européens doivent prendre la mesure de la menace populiste. Il importe d'abord de ne pas la sous-estimer. La capacité des populistes à perturber le jeu politique, à l'orienter, voire à le dominer a déjà été démontrée à plusieurs reprises au cours de la dernière décennie et dans la plupart des pays de l'Union. Les Européens ne doivent pas davantage confondre la menace populiste d'aujourd'hui avec celle que les partis totalitaires faisaient peser sur l'Europe d'hier. Les populistes possèdent une redoutable capacité de nuisance. Ils nuisent à la démocratie parce qu'ils gênent l'alternance : ils empêchent la constitution de majorités ; ils contraignent les partis de gauche et de droite à gouverner ensemble à seule fin de leur barrer la route, ce qui ne manque pas de précipiter le discrédit des gouvernements modérés. Ils nuisent à la démocratie parce qu'ils rendent le débat impossible : ils radicalisent les échanges ; ils stigmatisent des groupes, au risque de favoriser la confrontation ; ils égarent les médias, qui semblent sous dépendance, parce que les populistes sont les seuls à maîtriser à ce point l'art de l'audience; ils fourvoient les chefs politiques, qui tentent de les imiter, parce qu'ils croient y reconnaître la clé d'une majorité future.

Par la pression qu'ils exercent sur les gouvernants nationaux, les partis populistes rendent plus difficile la décision européenne. Quand la crise menace l'Europe, les populistes en fragilisent la gouvernance. Au moment où les gouvernements doivent intensifier leur coopération pour répondre plus efficacement aux défis qui se présentent, les populistes s'agitent au sein de chacune des nations pour exiger la sortie de l'euro, la sortie de l'Union ou la réduction du budget. C'est dans ce pouvoir de perturbation que réside la menace populiste. Le discours populiste est une réaction. Il va contre l'histoire qui se déploie mais sans avoir les moyens ni d'en interrompre le cours ni de l'orienter. Il est une pure force de crispation, arrimée au présent, sans idée du passé, sans vision du futur. Le populisme patrimonial voudrait que l'histoire se termine au présent.

## L'impossible refus de l'immigration

Plus de 60 % de la croissance démographique de l'Union européenne est due à l'arrivée d'immigrés. Entre 2009 et 2010, la croissance naturelle de l'Union européenne a été positive mais à un niveau particulièrement bas : en 2010, on ne comptait que 500 000 individus supplémentaires pour une population totale de 501 millions d'habitants. Tel serait l'apport des habitants de l'Union à la croissance démographique de leur ensemble politique si l'on devait imaginer une immigration zéro. Car le chiffre de la croissance naturelle n'est pas celui de la croissance démographique. Pour mesurer la croissance démographique, il faut ajouter l'immigration. Plus précisément, il faut prendre en compte le solde migratoire, c'est-à-dire le nombre des entrants, qui sont les immigrés, moins le nombre des sortants, qui sont les émigrants. Entre 2009 et 2010, le solde migratoire de l'Union européenne s'établit à 900 000 individus. D'un côté, un solde des naissances de 500 000 individus et, d'un autre côté, un solde migratoire approchant le million d'individus. Au total, au cours d'une année, la population européenne a augmenté de 1,4 million d'individus (0,5 + 0,9). Sans l'immigration, la croissance démographique de l'Union serait donc presque nulle. La plus forte croissance naturelle de la population a été enregistrée en Irlande (+10,2 ‰), loin devant Chypre (+5,5 ‰), la France (+4,3 ‰), le Luxembourg (+4 ‰) et le Royaume-Uni (+3,7 ‰). A l'inverse, dix Etats membres ont enregistré une croissance naturelle négative, c'est-à-dire une baisse de leur population, les plus fortes baisses ayant été observées en Bulgarie et en Lettonie (−3,6 ‰ chacun), en Hongrie (−3,4 ‰) et en Allemagne (−2,3 ‰).

Au sein de l'Union européenne, le taux moyen de fécondité est très faible, si ce n'est catastrophique, puisqu'il s'établit à 1,5. En dessous de 2, la fécondité européenne moyenne n'assure pas l'accroissement naturel de la population. Certes, chacun de ces pays a des comportements démographiques relativement différents, mais ils tendent à se ressembler. Le taux de fécondité français se situe, selon les années récentes, entre 1,9 et 2, à l'identique de l'Irlande. Tous les autres pays affichent des taux plus bas. Les Européens n'ont plus assez d'enfants, et depuis longtemps. Le déclin démographique de l'Europe est en cours. Dans un premier temps, ses manifestations ont été atténuées par l'allongement de l'espérance de vie. Les Européens ont moins d'enfants mais ils vivent de plus en plus longtemps. La population européenne continue donc d'augmenter sans interruption depuis 1960. Ceux qui arrivent s'ajoutent à ceux qui ne sont pas encore partis. Mais la croissance naturelle, qui est le solde des naissances et des décès, est quasi imperceptible.

Pays par pays, les situations apparaissent contrastées mais le problème reste le même. Selon les données d'Eurostat, en 2010, l'Allemagne a perdu plus de 200 000 habitants. Le solde migratoire allemand est désormais négatif, car les Turcs immigrés qui atteignent maintenant l'âge de la retraite retournent en Turquie pour y finir leurs jours. La population allemande est engagée sur la voie du déclin. On estime qu'elle atteindra 74,6 millions en 2050, soit 8 millions de moins qu'aujourd'hui. Pour les mêmes raisons, l'Italie verrait sa population diminuer si elle ne bénéficiait de l'immigration. Les pays de l'ancien bloc communiste, qui ont rejoint l'Union, en 2004 et en 2007, connaissent une situation comparable, voire pire encore. Si l'on ne considère que le solde naturel, seul indicateur du véritable dynamisme démographique d'un pays, les perspectives ne sont pas bonnes pour la plupart des Etats européens. Les pays du Sud, autrefois très natalistes comme l'Italie, l'Espagne ou le Portugal, sont maintenant parmi les plus touchés. La population italienne reculera fortement d'ici 2050. Certaines projections annoncent une baisse 6 millions d'habitants, de 59 à 53 millions. Il en ira de même pour les Polonais (de 38,2 à 33,7 millions), les Tchèques (de 10,2 à 8,9 millions), les Hongrois (10,1 à 8,9 millions), etc. Vieillissement et immigration vont caractériser longtemps la population européenne. Les générations de baby-boomers atteignent l'âge de la retraite. Elles entreront dans le grand âge puis disparaîtront vers 2025-2030.

Au-delà de l'Union, l'effondrement démographique est une réalité européenne. Ainsi, le peu de croissance démographique dont bénéficie la Suisse, elle le doit à l'immigration, car le solde naturel est insuffisant. Les pays européens les moins riches sont tout autant concernés par ce déclin que les pays prospères. La Croatie, la Bosnie-Herzégovine et la Serbie, par exemple, régresseraient plus encore sans l'apport de l'immigration. De même, plus loin de nous, la Géorgie, l'Ukraine et la Russie. En Russie, le solde naturel est négatif depuis de nombreuses années. Seul l'apport de l'immigration permet de limiter les pertes sans toutefois les compenser. La Russie voit sa population diminuer, année après année. Par rapport à 1995, à frontières identiques, le pays a déjà perdu 5 ou 6 millions d'habitants, passant de 148 à 143 millions d'habitants. On estime qu'elle tombera à 100 millions au milieu du XXI^e^ siècle. Les politiques natalistes imaginées dans l'urgence par le pouvoir sont trop tardives pour enrayer le déclin. Si la population a pu augmenter récemment, la tendance est difficile à inverser, sans recourir à une immigration massive, notamment ouzbèke et chinoise, qui provoque la flambée des sentiments xénophobes dans un pays particulièrement sensible au thème de l'identité nationale.

D'ici 2050, le nombre des décès augmentera de façon spectaculaire, de 40 % en France et de 75 % en Italie. Le cercle vicieux pourrait bien ressembler à ceci : de plus en plus âgées, les sociétés européennes deviendraient de plus en plus intolérantes au multiculturalisme et à l'immigration. Pour en limiter l'ampleur, elles utiliseraient de plus en plus souvent le vote populiste, amenant le pouvoir local ou national à mettre en place des politiques de frein à l'immigration. Or, si l'on peut refuser l'immigration, on ne peut pas refuser le vieillissement. On ne peut pas, à la fois, vouloir moins d'enfants, un taux de croissance élevé, des droits sociaux de haut niveau et ne pas vouloir d'immigrés. C'est en cela aussi que la pente populiste est fatale. C'est en cela que le vote populiste a l'effet d'un véritable poison sur les sociétés européennes.

Les Européens devraient méditer la situation du Japon. Ce pays fournit un parfait exemple à observer, mais pas à suivre, parce qu'il combine un fort vieillissement démographique et un refus de l'immigration. Le résultat est une situation intenable. Les Japonais sont menacés de disparition. Peuplé de 127 millions d'habitants, le pays perd 1 million d'habitants par an depuis 2005. En 2050, la population aura diminué de 37 millions. Le recul démographique s'accompagnera d'un vieillissement de la population encore plus marqué.

Aujourd'hui, 11 millions de Japonais ont plus de 75 ans, ils seront plus de 20 millions en 2030. A partir de 2030, le déclin démographique privera l'économie japonaise de 0,5 point de croissance par an, pour une croissance annuelle qui ne dépasse plus 1 % et qui laisse la place de plus en plus souvent à une récession. Acculé, le Japon se trouve contraint d'ouvrir trois chantiers trop longtemps tabous : la politique familiale, la place des femmes dans la société et l'immigration. Le taux de fécondité moyen est de 1,3. C'est l'un des plus bas au monde. La politique familiale est inexistante : le Japon consacre 1,1 % de son PIB à l'aide financière aux familles, contre 3,6 % en France. Mais le déficit public colossal limite les capacités d'action de la puissance publique japonaise. Surtout, le déclin démographique est désormais lié à la diminution du nombre de femmes en âge de procréer, puisque la population diminue. Il y a de moins en moins de Japonaises. En conséquence, même une augmentation de la fécondité dans les nouvelles générations de Japonaises ne suffirait pas à inverser la tendance démographique, sauf à imaginer un taux de fécondité phénoménal.

Face à l'immigration, le Japon est dans une situation de refus pur et simple. Le pays compte seulement 2 millions d'immigrés. La moitié sont des Coréens. On compte aussi 500 000 Chinois. Installés depuis plusieurs générations, ces immigrés n'ont pas la nationalité japonaise. L'ouverture à l'immigration suscite des résistances qui semblent insurmontables. Mais les Japonais n'ont pas la possibilité de maintenir plus longtemps cet étrange modèle où un déclin démographique accéléré voisine avec un refus têtu de l'immigration. Toutes les solutions ne pourront pas venir de la robotique – dans laquelle excellent les Japonais.

En Europe, c'est en Allemagne que l'on peut observer dès maintenant les effets économiques du déclin démographique : la pénurie de main-d'œuvre qualifiée se traduit par un manque à gagner annuel estimé à 18,5 milliards d'euros, soit 0,8 % du PIB. Ce phénomène est d'ores et déjà devenu un frein à la croissance. Dès à présent, en 2011, il manque 600 000 ingénieurs pour assurer la croissance de l'économie allemande. Comment ne pas envisager dans ce cas un vaste programme d'immigration ? L'origine des arrivants est connue. Ils viendront pour la plupart des pays méditerranéens et africains. Ces mouvements de population d'une ampleur inédite engendreront des liens économiques de plus en plus nombreux, de plus en plus étroits entre les deux rives de la Méditerranée. La région euro-méditerranéenne devient éminemment stratégique et les Européens voient certainement une partie de leur avenir se jouer dans les événements de l'année 2011.

## Français d'abord ou retraités après tout ?

Sur un plan démographique, le premier trait qui caractérise les Européens d'aujourd'hui est leur espérance de vie. Ils vivent de plus en plus longtemps. Il n'y a pas d'indicateur plus parlant du progrès social et humain : ainsi, pour les Français, entre 1950 et 2010, l'espérance de vie est passée de 69,2 ans à 85 ans pour les femmes et de 63,4 ans à 78 ans pour les hommes, soit 14 ou 15 années de vie supplémentaires, promises à la naissance. Le second trait qui caractérise les Européens est qu'ils n'ont plus assez d'enfants. La faiblesse de la croissance naturelle menace l'équilibre du système social et, à terme, l'espérance de vie puisque sa durée dépend beaucoup de l'efficacité des politiques sociales. Face au déficit des naissances, les politiques natalistes ou familiales constituent une partie de la solution. Elles tendent d'ailleurs à se développer depuis quelques années dans les pays européens. Une étude de l'INED a montré que les pays de l'OCDE ont augmenté fortement depuis une vingtaine d'années les efforts publics en faveur d'une politique familiale[1]. Entre 1980 et 2003, les dépenses consacrées à la famille sont passées de 1,6 % à 2,4 % du PIB. Les principaux obstacles auxquels les Européens attribuent leur décision de ne pas avoir d'enfants ou de ne pas en avoir davantage ont été identifiés. On relève, par ordre d'importance, le coût du logement, le coût de l'éducation des enfants, et la difficulté de combiner le travail avec la vie familiale[2]. Les politiques natalistes ciblent ces causes et tentent d'en compenser ou d'en limiter les effets, parfois en mettant l'accent sur l'une ou l'autre de ces causes, parfois en les traitant simultanément. En la matière, il existe une politique familiale de référence qui est le

1. Olivier Thévenon, in *Population et sociétés*, septembre 2008.

2. *Familiy Life and the Needs of an Ageing Population*, Flash Eurobarometer 247, enquête réalisée du 10 au 14 septembre 2008, auprès d'un échantillon de 27 000 Européens âgés de 15 ans et plus. Enquête réalisée par téléphone dans les 27 pays de l'Union.

modèle nordique, fondé sur un niveau élevé de dépenses publiques. Le financement de congés parentaux et de structures d'accueil de la petite enfance constitue la base de ce modèle. En matière de congés parentaux, la stratégie est particulièrement volontariste. S'agissant de congés de maternité, la Suède propose 57 semaines en équivalent temps plein et le Danemark en propose 47, quand la durée moyenne dans les pays de l'OCDE est de 27 semaines. Le congé de paternité est également fortement encouragé. Il atteint 11 semaines en Suède contre 1 semaine en moyenne au sein de l'OCDE. Enfin, la moitié des enfants fréquentent une crèche ou une halte-garderie, contre 20 % seulement en moyenne. La France développe une stratégie comparable à celle des pays nordiques. Le niveau des dépenses publiques affectées au soutien démographique représente 3,8 % du PIB, situant la France au 3e rang parmi les pays de l'OCDE. On constate que le Danemark et la France maintiennent leur taux de fécondité à des niveaux supérieurs à ceux de leurs voisins. Cependant, en Europe, les politiques natalistes, même les plus énergiques, ne peuvent permettre, à elles seules, de mettre fin au déficit démographique.

De plus, les politiques natalistes sont consommatrices de budgets publics importants. L'affectation des ressources publiques en faveur de telle politique plutôt que de telle autre donne lieu à des débats d'autant plus âpres que les moyens sont plus limités. Au sein même des politiques familiales, des arbitrages sont nécessaires. Faut-il privilégier une politique nataliste reposant sur le financement de congés parentaux ou sur la création d'un revenu pour les parents qui se chargeraient de l'éducation de leurs enfants jusqu'à l'âge de l'école? Ou encore, faut-il privilégier une politique de la petite enfance, par le financement de structures d'accueil préscolaires et parascolaires, ou la promotion du temps partiel pour les parents, dans le but de faciliter l'articulation entre vie familiale et vie professionnelle? Mais des arbitrages sont également nécessaires entre différentes populations susceptibles de mobiliser une partie des ressources collectives. Faut-il privilégier la petite enfance ou bien la prise en charge des personnes âgées, et notamment des personnes dépendantes dont le nombre croît rapidement?

Les politiques natalistes ne suffiront pas, et la plupart des actifs n'envisagent pas de prendre leur retraite au-delà de 70 ans. Il paraît donc difficile de ne pas recourir à l'immigration. Les immigrants rajeunissent la population du pays qui les accueille. Sur l'ensemble des 3,5 millions d'immigrés enregistrés en 2006 par les pays de l'Union, la moitié ont moins de 29 ans, et ce chiffre descend encore à 27,7 ans pour les immigrés d'origine extra-européenne. Parce que l'immigration favorise l'entrée de jeunes actifs dans des pays âgés, elle constitue une solution irrésistible pour assurer la viabilité des politiques sociales en général et du régime des retraites en particulier. Au cours de cette décennie, l'Union européenne doit maintenir un solde migratoire annuel égal ou supérieur à 1,6 million pour compenser les effets du vieillissement démographique sur la population active et maintenir le ratio actifs/inactifs qui permet de conserver les grands mécanismes d'assurance sociale existants. A défaut d'atteindre ce chiffre, les Européens devront renoncer à leur modèle social.

Soumis à la concurrence et à la surenchère des populistes, les gouvernements peuvent adopter des politiques d'immigration malthusiennes, réduisant drastiquement les flux migratoires d'entrants. Ce sont alors les systèmes d'assurance sociale qui seront compromis. Les options disponibles ne sont pas nombreuses : retarder encore l'âge de départ à la retraite, augmenter le niveau des prélèvements, réduire le montant des pensions versées ou admettre un plus grand nombre d'immigrés. Le modèle social et l'identité nationale s'opposent l'un à l'autre. Dans une société démocratique, riche et vieillissante, le populisme patrimonial a de beaux jours devant lui. Il compte certainement sur le déploiement du multiculturalisme pour prospérer encore.

## LA DIVERSITÉ CULTURELLE CONTRE LE MULTICULTURALISME

Le multiculturalisme est d'abord un état de fait désignant une cohabitation entre différents groupes dotés de cultures et de normes singulières, au sein d'une société globale elle-même porteuse d'une culture et de normes communes à tous ses membres. Le multiculturalisme est d'abord un fait, dans la mesure où les migrations ont modifié la composition ethnique et culturelle des sociétés d'accueil, devenues plus hétérogènes sur le plan ethnoculturel. La notion de « multiculturalisme » renvoie aussi à l'idée qu'il existe un modèle social multiculturel, c'est-à-dire, pour une société, une façon de reconnaître les singularités de groupes, puis d'organiser les relations entre ces groupes. En ce sens, la notion a été vivement discutée à partir des années 60, notamment dans les pays anglo-saxons, en relation avec l'affirmation croissante de singularités culturelles de la part des groupes de migrants ou issus de l'immigration, prenant leurs distances avec le projet assimilationniste, ou même le rejetant au nom de la lutte contre toutes les formes de domination, voire d'impérialisme. Dans le prolongement de cette politisation, le multiculturalisme est devenu une revendication progressiste, une contribution à la poursuite du processus de démocratisation de la société libérale et d'émancipation de ses membres. Mais un glissement s'est peu à peu opéré. La revendication est devenue moins progressiste et plus conservatrice, avec l'idée de préserver des traditions; elle est également devenue plus corporatiste, avec cette fois-ci l'idée de défendre et de promouvoir les intérêts particuliers d'une communauté et de ceux qui la dirigent, au point de frôler parfois le séparatisme. Finalement, la revendication multiculturaliste s'est presque entièrement détachée du mouvement initial d'émancipation qui la déterminait et qui, en tant que tel, correspondait à un projet commun à tous les membres de la société, au-delà des membres de cette communauté, et capable de les réunir ensemble.

Ces revendications d'un genre nouveau ont été portées par des groupes ethnoculturels qui demandaient que leurs particularités soient non seulement reconnues comme une différence, mais aussi comme une identité distincte et légitime. Les groupes concernés demandaient le droit de conserver ces particularités en tant que telles à côté de l'identité nationale, sans être soumis à l'obligation de suivre un processus d'intégration, ni même d'avoir à respecter toutes les valeurs présentées comme fondamentales par la société d'accueil, par exemple l'égalité entre les individus, notamment entre les hommes et les femmes, dès lors que ces règles venaient contredire celles du groupe particulier. Les sociétés d'accueil ont pratiqué le multiculturalisme en répondant favorablement à la demande d'une reconnaissance de la différence culturelle, sur le plan linguistique, religieux, etc., dans une institutionnalisation de ces différences, par l'autorisation d'un pluralisme de normes et de comportements pouvant aller jusqu'au domaine de la justice, comme on l'a vu avec les tribunaux de charia introduits en Grande-Bretagne. Dans ce cadre de pensée, l'identité nationale devient simplement une identité dominante dans un modèle pluri-identitaire. Dans un pays adoptant un tel multiculturalisme, c'est le cas de la Grande-Bretagne, l'identité nationale est à la diversité des identités ce que la neutralité est au pluralisme des croyances dans un Etat laïc.

En ce sens, le multiculturalisme européen se retrouve à des degrés divers dans la plupart des pays de l'Union où les immigrés d'origine extra-européenne sont nombreux. Il n'a véritablement existé qu'en Grande-Bretagne où la revendication multiculturaliste s'est parfois apparentée à une mise à l'écart, donnant lieu à la constitution de sociétés dans la société globale pouvant aller, dans certaines conditions, jusqu'à une contestation par des groupes ethnoculturels de la validité des valeurs de la société globale, voire de leur mise en cause au nom d'une légitimité extérieure et supérieure. Là est le point de rupture de la société britannique avec le multiculturalisme, souligné par David Cameron lors de son discours du 5 février 2011, à Munich, découvrant que des citoyens britanniques appartenant à la classe moyenne et correctement éduqués pouvaient cependant demeurer dans un rapport d'hostilité radicale avec les valeurs de leur propre société, au nom de normes et de valeurs singulières, soit, dans le cas soulevé par le Premier ministre britannique, une certaine conception de l'islam. Toutes les nations européennes ont vécu un choc partagé en apprenant la présence d'une centaine de citoyens européens, et notamment de 14 Français, dans les camps d'entraînement de terroristes d'Al-Qaida.

Entre le multiculturalisme de séparation et l'impossible hégémonie ethnoculturelle, les Européens devront imaginer une troisième voie. L'idée d'une diversité libérale peut devenir l'expression du mouvement progressiste d'une société. Ce n'est pas une réaction contre, mais un prolongement. En tant que revendication, le multiculturalisme est légitime s'il s'inscrit dans le mouvement d'affirmation des droits de la personne liés à la liberté d'opinion et de conscience, à la liberté de choisir le type d'existence que l'on veut mener, voire à la liberté de choisir son identité de genre, qui tend à être reconnue. Il existe bien un lien entre le multiculturalisme et la liberté puisque la revendication multiculturaliste ne prend place et ne se déploie que dans les sociétés libérales qui, plus que toutes, admettent le principe d'une affirmation des singularités et en protègent l'expression.

Puisque la reconnaissance du multiculturalisme dépend de l'existence d'une société libérale, l'intensité des particularismes revendiqués au nom d'une identité singulière doit être limitée par ce lien de dépendance avec les principes qui fondent et ordonnent les sociétés libérales. La revendication multiculturaliste ne saurait conduire légitimement ni à récuser ni à violer les principes libéraux et démocratiques puisque ce sont ces principes qui conditionnent la possibilité d'une reconnaissance du multiculturalisme et de son expression. Un individu ne saurait, par exemple, utiliser la liberté de vivre sa singularité culturelle, permise par une société libérale, si la manifestation de cette singularité devait le conduire à méconnaître la liberté d'un autre individu de vivre sa propre existence, par exemple en niant l'égalité entre les hommes et les femmes, puisque, dans ce cas, un individu détournerait la liberté à son seul profit, ce qui reviendrait à remettre en cause le principe de la liberté. Ainsi, la diversité démocratique ne peut pas accepter la constitution d'îlots de tyrannie. Pour une société libérale, il n'y a pas d'argument culturaliste recevable permettant de tolérer les pratiques d'excision infligées aux petites filles. De même, un groupe d'individus ne saurait utiliser la protection de sa singularité culturelle pour limiter la liberté reconnue à tous, par exemple, en considérant que les caricatures d'une figure religieuse doivent être extraites du champ de la liberté d'opinion, c'est-à-dire qu'elles doivent être interdites, au motif qu'elles peuvent heurter les croyances du groupe.

De plus, on le voit aujourd'hui partout en Europe, un multiculturalisme déréglé déstabilise les sociétés libérales, provoquant la poussée de mouvements de type xénophobe et populiste, ouvrant le risque d'une dynamique conflictuelle et d'un affaiblissement des Etats, à l'intérieur comme à l'extérieur, notamment au niveau européen. Le multiculturalisme déréglé est capable d'exaspérer une part significative de la société, provoquant une réaction politique antilibérale par la voie électorale qui est incontestable. Il faut donc à la fois protéger la société libérale des militants d'un multiculturalisme absolu comme des militants de l'homogénéité ethnoculturelle. Cela passe par le renforcement du consensus sur les valeurs de la démocratie libérale et, en particulier, par la réaffirmation de l'attachement aux droits de la personne. Cela suppose aussi la formalisation d'un principe selon lequel la reconnaissance que l'on peut accorder à des groupes singuliers ne saurait être détournée pour contester les principes fondamentaux de la société qui autorise et organise une telle reconnaissance. La recherche d'une troisième voie, entre l'Etat-nation traditionnel, requérant une homogénéité ethnoculturelle devenue impossible, et l'Etat multiculturel capable d'engendrer une société fragmentée potentiellement conflictuelle, doit conduire à substituer l'objectif de la diversité culturelle à celui du multiculturalisme, soit une reconnaissance et une expression des singularités non seulement contenues dans le respect des principes qui fondent la société libérale et démocratique, mais aussi qui garantissent son existence et assurent son déploiement.

## La jeunesse du monde

La nécessité dans laquelle se trouve l'Europe de compenser son déclin démographique annonce un vaste mouvement migratoire. L'origine des arrivants est connue. La plupart viendront des pays méditerranéens et africains. Ces mouvements de population sans précédent recouvriront des liens économiques de plus en plus nombreux et de plus en plus étroits entre les deux rives de la Méditerranée. Une nouvelle région, l'Euroméditerranée, serait en passe de voir le jour. Pour les géographes[1], elle regroupe 57 pays : les 27 pays de l'Union européenne, auxquels il faut ajouter la Norvège, la Suisse, la Serbie, la Croatie, la Macédoine, la Bosnie-Herzégovine, le Monténégro, l'Albanie, la Russie, l'Ukraine, le Bélarus, la Moldavie, la Géorgie, l'Arménie, l'Azerbaïdjan, la Turquie, la Syrie, le Liban, Israël, la Jordanie, l'Egypte, la Libye, la Tunisie, l'Algérie et le Maroc, voire la Mauritanie, l'Iran, l'Irak, le Koweït et l'Arabie Saoudite. Présente *de facto*, l'Euroméditerranée forme une région mondiale d'une puissance considérable qui se résume en deux chiffres : un milliard d'habitants et le tiers du PIB mondial.

Le renouveau de la Tunisie et de l'Egypte, qui a marqué le début de l'année 2011, ouvre la voie à de nouvelles relations. La vision, si prégnante en Europe, selon

1. Pierre Beckouche et Yann Richard, *Atlas d'une nouvelle Europe. L'UE et ses voisins, vers une région mondiale ?*, Paris, Editions Autrement, 2008.

laquelle les musulmans ne partageraient pas nos valeurs, n'aimeraient pas comme nous, autant que nous, la liberté, et que cela les distinguerait radicalement de nous, cette vision se voit remise en cause par cet élan démocratique, quelle qu'en soit l'issue[1]. David Cameron le relevait très justement dans son discours du 5 février 2011, évoquant les sceptiques : « S'ils veulent un exemple de la façon dont les valeurs occidentales et l'islam peuvent être entièrement compatibles, ils devraient regarder ce qui s'est passé ces dernières semaines, dans les rues de Tunis et au Caire : des centaines de milliers de personnes réclament le droit universel à des élections libres et à la démocratie. » Les possibles déceptions ultérieures ne pourront faire oublier que ce mouvement ait eu lieu.

Unis par la géographie, liés par l'histoire et par l'économie, entremêlés pour longtemps par la démographie, les peuples de la Méditerranée, d'Europe et d'Afrique doivent considérer ensemble l'histoire qui les attend. Ils peuvent penser les rives de la Méditerranée comme un monde commun, fait de culture, de commerce, de science, de mobilité, de flux financiers, de matières premières, de tourisme ou d'écologie. Les liens unissant les peuples d'Europe aux peuples d'Afrique ne peuvent que se resserrer. Ces relations sont anciennes, elles se transforment rapidement et profondément. Les rapports de domination qui ont marqué les siècles passés sont terminés, mais les relations de commerce et d'échange ne suf-

1. Cf. Youssef Courbage et Emmanuel Todd, *Le Rendez-vous des civilisations*, Le Seuil, 2007.

fisent plus. Nous avons besoin de projets communs. Dans l'économie globalisée, l'Euroméditerranée pourrait devenir le centre de la croissance planétaire et le cœur de la politique mondiale. Ces projets de libération et d'association des peuples, par-delà les nations, sont la réponse qu'il faut apporter à la menace populiste. Les Européens, qui ont bâti l'Union, possèdent en la matière une expérience sans équivalent.

## EUROPÉANISER LA PUISSANCE PUBLIQUE

L'homogénéisation des comportements démographiques européens amène les Etats membres à devoir affronter les mêmes problèmes. Le vieillissement démographique, l'immigration, l'intégration des nouveaux arrivants, la formation, l'accueil de la petite enfance dans des structures d'encadrement, l'accès des femmes au marché de l'emploi, le développement de la population active, la gestion des retraites, les politiques de santé, etc., toutes ces questions sont européennes non seulement dans la mesure où elles se posent dans tous les pays membres, mais aussi dans la mesure où elles tendent à se présenter dans les mêmes termes. Comme le remarque Catherine Wihtol de Wenden, l'analyse des profils démographiques des populations nationales européennes « suggère que celles-ci tendent, avec le temps, à marquer des comportements semblables. Ces affinités sont particulièrement nettes dans le cas de la natalité, de la fécondité totale et de la mortalité infantile[1] ».

---

1. Catherine Wihtol de Wenden, « Démographie, immigration, inté-

En d'autres termes, malgré les différences de comportement démographique que l'on peut encore relever entre les pays européens, la tendance est à l'homogénéisation. Peu à peu, les peuples de l'Union s'effacent devant une population européenne. Le trait dominant de ce profil européen émergent est certainement la généralisation d'un modèle démographique de populations à croissance nulle.

Cette communauté de comportement démographique appelle une intégration croissante des grandes politiques éducatives et sociales, jusqu'à présent encore considérées comme l'apanage des Etats. La démographie unifie l'Europe à son tour. L'attachement sans cesse réaffirmé des Européens à un certain modèle social au sein duquel les politiques d'assurance et de redistribution jouent un rôle clé et l'affirmation d'un comportement démographique singulier, caractérisé par le choix d'avoir peu d'enfants, reviennent à guider leurs gouvernants vers une plus grande intégration européenne.

La pression populiste qui peut s'exercer sur l'Union est potentiellement très forte. La préoccupation publique pour l'immigration est de nature à favoriser la concrétisation d'une telle menace. La réponse doit venir de l'Europe. L'européanisation des grandes politiques publiques est aussi l'assurance de réduire le niveau des dépenses publiques dans chacun des Etats membres en réalisant des économies d'échelle. Il est dommageable pour tous de consacrer 27 budgets nationaux à la

---

gration », *Questions d'Europe*, n° 111, Fondation Robert-Schuman, 29 septembre 2008, p. 3.

recherche quand une intégration européenne de cette recherche permettrait d'importantes économies tout en favorisant l'activité scientifique par l'européanisation des équipes et des laboratoires. La même politique d'intégration devrait être appliquée aux budgets de défense. L'Europe possède les clés pratiques du problème. Elle bénéficie encore de la confiance des Européens. En l'absence de réponse commune, il y a fort à parier que les Européens réinvestiront en plus grand nombre l'idée d'un pouvoir national fort et replié sur lui-même. C'est la pente fatale du populisme.

### Moraliser la vie publique

En démocratie, le populisme est nécessairement une expression de la volonté populaire et il est impossible de ne pas la reconnaître partiellement dans de tels choix électoraux. Les populistes abusent leurs auditoires quand ils se présentent eux-mêmes comme les seuls ou les vrais représentants du peuple, mais on ne peut pas leur dénier qu'ils participent également à la représentation du peuple. Il y a quelque chose de légitime dans l'expression électorale du populisme, dès lors que les élections se sont déroulées régulièrement. Le fait que le vote populiste contienne une part de légitimité implique qu'une partie de son contenu puisse être recevable. La part recevable du vote populiste réside dans le fondement moral que révèle la réprobation exprimée. Même maladroite ou brutale, la protestation est pour partie estimable quand elle est inspirée par des principes de justice ou par une intuition morale.

Le fait de dénoncer certains comportements attribués à des élites, ou observables chez elles, ne mérite pas systématiquement d'être, en retour, qualifié de «populiste». En effet, si ces comportements peuvent être jugés choquants ou répréhensibles, c'est la qualification de «populisme» qui n'est pas recevable, compte tenu de la connotation péjorative qu'elle implique. Dénoncer les populistes peut devenir une sorte de réflexe défensif chez des responsables cherchant à se protéger de la sévérité d'un jugement public qui peut être motivée par des attitudes effectivement condamnables. Le peuple ne peut avoir le choix qu'entre l'approbation de la vertu ou le silence devant le vice. Comment la révélation d'un scandale ou d'un acte de corruption quelconque pourrait ne pas susciter une condamnation populaire ? Dès lors qu'une colère, une émotion ou une condamnation collective manifeste l'attachement de tous aux principes de justice, cette colère, cette émotion ou cette condamnation collective assure la défense de la société tout entière. Dans ce cas, si les institutions chargées de prévenir les comportements répréhensibles ou de les punir ne jouent pas leur rôle ou si elles ne le remplissent pas avec suffisamment d'efficacité, il faut espérer que le peuple, malgré le risque attaché au fait de convoquer une entité aussi abstraite, reste le défenseur ultime des principes de justice sur lesquels doit reposer l'ordre social pour être légitime.

Il n'y a pas «populisme» lorsque l'opinion publique dénonce des actes de corruption matérielle ou morale commis par des gouvernants, des élus et, d'une manière générale, des représentants du monde des élites. Il n'y a pas «populisme» lorsque l'opinion fustige l'incompétence des gouvernants si elle est accréditée par des faits En revanche, il y a «populisme» lorsque de ces actes condamnables ou de ces échecs avérés on déduit l'illégitimité des règles, des institutions ou du régime. Il ne s'agit pas de rendre indiscutables les règles, les institutions ou même le régime, mais de défendre que l'on ne peut pas mettre en cause ces règles ou ces institutions au motif qu'elles ont été transgressées. C'est dans ce passage d'une réprobation populaire – suscitée par un comportement condamnable – à un dénigrement du régime ou de ses institutions que réside la manipulation qui fait le populisme. On voit que pour faire du «populisme» il ne suffit pas d'avoir un peuple, il faut aussi des «populistes». Ce sont ces entrepreneurs politiques qui détournent à leur profit une réprobation fondée.

Le populisme n'est pas moins fabriqué par les responsables politiques, économiques et sociaux qui ne prennent pas la peine de corriger une situation immorale, de se placer eux-mêmes à l'abri du soupçon, de tout faire pour que le peuple n'ait pas de motif légitime à crier au scandale. Ces responsables qui comptent sur la cécité du peuple, sur son indifférence ou sur sa lassitude se trompent moralement et se trompent politiquement. Du côté des citoyens, l'époque est à l'exaspération, à la vigilance extrême et à l'exigence d'exemplarité. Ne pas les écouter sur ce point crucial sera la plus sûre façon de glisser sur la mauvaise pente. Si nous pouvions bâtir un programme d'exemplarité collective, raisonnable dans ses attentes, alors les populistes nous auraient rendu un grand service.

*

2015 sera l'une des années les plus importantes dans l'histoire de l'Europe. En 2015, le nombre des décès dépassera le nombre des naissances. La fin de l'accroissement démographique naturel de l'Europe aura lieu dans moins de cinq ans. Le temps nous presse. Il ne nous reste qu'une décennie pour trouver le bon chemin. La pente fatale est celle du populisme : il nous demande de tourner le dos à l'époque qui nous sollicite. L'humanité avance à grandes enjambées. Nous ne devons pas nous recroqueviller au moment où le monde se déploie, nous fermer quand il s'ouvre, imiter quand il faut inventer, avoir peur quand il faut faire confiance.

# Table

La photocomposition de cet ouvrage
a été réalisée par
GRAPHIC HAINAUT
59163 Condé-sur-l'Escaut

Cet ouvrage a été imprimé en France par

CPI
BUSSIÈRE

à Saint-Amand-Montrond (Cher)
en février 2012

N° d'édition : 20890 – N° d'impression : 120715/1
Dépôt légal : avril 2011